JN091720

自分でする

DIY
社会学

景山佳代子
白石 真生
編

法律文化社

【はじめに】

　社会学はよく「当たり前＝常識」を問う学問といわれ、それが社会学の面白さの一つになっています。ただ社会学を学び始めた人が、社会学のテキストだけで、その面白さを実感するのは、なかなか難しいです。そこで本書『ＤＩＹ社会学』は、社会学の面白さを少しでも味わってもらえるように、とりあえず社会学を「実際にしてもらう」ことをイメージして作ってみました。

　「とりあえず社会学をしてみる」というと、少し違和感があるかもしれません。でもそうやって何かを始めることはむしろ普通のことです。たとえばサッカーであれば、公園や運動場などで、とにかくボールを蹴って追いかけることから始めるでしょう。そのとき、「ボールを蹴ってゴールに入れる」とか「ボールを手で持って移動してはダメ」といった基本的なルールは共有していますが、あとは見よう見真似で、サッカーらしきことを楽しむ。そうするうちに、もっと上手になりたくて練習をしたり、サッカーのルールや技術について勉強したりするようになります。

　社会学とも、こんな出会い方があってもいいのでは、と思うのです。社会学の詳しい用語や方法などはよく分からないけれど、読者となってくれたあなたが、この本を執筆している私たちと、一緒に社会学をやってみたら、「ちょっと面白かった」と。まるで公園や空き地での遊びのように、社会学と出会うわけです。

　「何の変哲もない日常」が、社会学という道具を使うことで、じつはたくさんの「謎」に満ちた不思議な世界に見えてくる面白さや、「こうあるべき」と囚われていた世界から、「こうもありうる」と別の世界を想像し、創造していく社会学の面白さを、この本で味わってもらえれば、と思います。そしてあなたが、もっと社会学を知りたい、学びたいと、ほかの社会学のテキストや、古典といわれる社会学の本に手を伸ばしてくれたなら、その時があなたにとって、本当の意味での、「自分でする」社会学の始まりとなるでしょう。この本が、そんな「始まり」につながることを心から願っています。

【本書の構成と使い方】

　本書は、第Ⅰ部の９つの章と、第Ⅱ部の６つの章の全15章で構成されています。各章では、私たちの日々の生活と関連するテーマを設定しています。第Ⅰ部「ライフコースから社会学をする」では、誕生から死までの人間の一生に沿って、就職、結婚、介護といったテーマを取り上げます。第Ⅱ部「日常の行動から社会学をする」では、衣食住やそのほか私たちが普段行っていることに注目します。

　日常の何気ない生活場面に社会学の考え方を持ち込んでみると、どんな見方ができるのか、どんな風に見え方が変わってくるのかを、一緒に考えていきます。そのための、ちょっとしたコツを、下図のように示してみました。

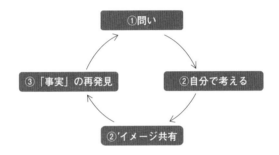

　まず、「①問い」です。普段、自分が何気なく見過ごしていることや、当たり前だと思って疑いもしなかったことについて、疑問を持ってみます。ただ、この「問い」を持つということが、じつは一番難しいことかもしれません。そこで各章では、さまざまな問いかけを用意し、考えるきっかけをつくるようにしています。

　各章に用意された問いは、唯一の正解があるものではありません。ですので、間違った答えというものもありません。連想ゲームのように気楽に 、自分の想像力を発揮し、考えてみてください。この自分で「②考える」というプロセスが、社会学をすることを、とても面白く、エキサイティングなものにしてくれるポイントになります。そして、もしこのテキストを講義で使っているなら、その考えたことを他の人と「②'共有する」と、自分の「常識」とは異なったアイデアや発想に出会えるかもしれません。また、想像以上に、自分と他の人たちの考えが似ていることに気がつくかもしれません。自分ひとりで考えるよりも、学びの幅は広がっていくでしょう。これらが皆さんの「常識」を見える化する作業になります。

　そして自分の「常識＝思い込み」を、さまざまなデータや歴史背景を踏まえて検討し、「③事実の再認識」をしていきます。たとえば年々増えていると思っていた少年犯罪は、

じつは長期的にみれば減少傾向にあるとか、女性の社会進出がかなり進んだと思っていたけれど、じつは世界的にみると日本の男女平等はかなり遅れているなど。そしてそのような事実の再発見が、「なぜ自分はそんな風に思い込んでいたのか？」「ではほかのデータを踏まえたらどう見えるのか」など、新たな「問い」へとつながっていきます。

本書では、こうした「問い⇒考え・共有⇒発見⇒問い・・・」という流れを意識して、読者である皆さんと一緒に社会学をしていく方法として、各章に Step を設けました。

Step 1：素朴な疑問

〈問いかけ〉日常の中で「当たり前」過ぎて疑問にも思わなかったようなことについて問いかけ、章のテーマへ誘います。

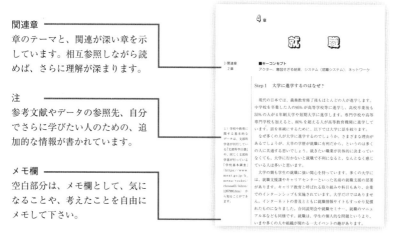

関連章
章のテーマと、関連が深い章を示しています。相互参照しながら読めば、さらに理解が深まります。

注
参考文献やデータの参照先、自分でさらに学びたい人のための、追加的な情報が書かれています。

メモ欄
空白部分は、メモ欄として、気になることや、考えたことを自由にメモして下さい。

Step 2：イメージと、その共有

〈自分の当たり前を知る〉章のテーマに関連する質問に対して、自分が想像したことや、他の人が考えたことを、共有していきます。

イメージする
素朴な問いかけに対して、自分がイメージすることを、メモします。自分の「当たり前」を見える化する作業です。

共有する
自分のイメージを、他の人と共有します。自分の「当たり前」が、他の人とどれくらい同じだったり、異なっているかを確認します。

Step 3：事実の再発見

〈現状についての気づき〉Step 2 で「見える化」した、自分たちの「当たり前」を、さまざまな
事例やデータと関連させていきます。個人的な体験と思われていたものが、社会制度や歴史的
背景の中でつくられてきたものであるという「気づき」につなげていきます。

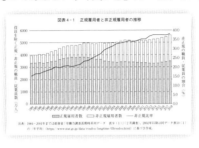

図表・データ
内容理解を助ける図表
やデータを掲載。参考
URL[※]も多数紹介して
います。

Step 4：常識への社会学的問い

〈考察を深める〉Step 3 で見た個人的体験の社会的側面について、オーソドックスな社会学の考
え方を使って、さらに深めていきます。自分の「当たり前」が、どんな社会的・歴史的条件の
中で、つくられているかを考えていきます。

Step 5：社会学的思考の可能性

〈視点を変える〉Step 4 で見た、私たちを規定する社会という枠組み（常識）自体を、社会学的
思考を使って、どのように組み立て直せる（変更できる）かを探っていきます。自分を縛って
いた「当たり前」から距離をとり、見えていなかった可能性を見つけられるように、社会学を
使ってみます。

Step 6：社会学的思考の実践

〈自分で社会学をする〉各章のテーマに関連して、自分で社会学っぽく考えたり、調べたりする
ためのトピックを用意しています。この章で学んだことを、自分ならどんな風に考えるか、ア
イデアを広げてみて下さい。

　以上の 6 つの Step で、「社会学をする」というのがどんな感じなのか、疑似体験をして
もらいます。そして社会学をすることの面白さや可能性を「もっと知りたい」、と思えた
ら、本書に掲載されている参考文献やデータを手掛かりに、「自分で」社会学をしてみて
下さい。もし本書が、あなたと「社会学」とが出逢うきっかけになるなら、それはなによ
り嬉しいです。

[※]本書に掲載している URL は、2020 年 4 月17日時点のものです。URL によっては変更または削除されている可能性があります。

目　次

第 I 部　ライフコースから社会学をする

誕　　生

■キーコンセプト
遊び、一般化された他者、言葉、役割

Step 1　ヒトはどうやって「人間」になるの？

　あなたはいつ「人間」になりましたか、と質問されたらどう答え
ますか。「そんなの生まれたときからに決まっている」と思うでしょ
うか。確かに生物学上の分類として、あなたはカメでもサルでもウ
マでもなく、ヒトとして生まれてきたかもしれません。ただ、カメ
やサル、ウマといったほかの動物は、生まれ落ちてまもなく、そう
いうものとして活動し、またそういうものとしてしか生きられませ
ん。もしウマがライオンに育てられても（そんなことがあれば、です
が）、ライオンのように草食動物を捕食することはできません。ウ
マはウマです。ところがヒトの場合は違います。

　人間が他の動物と異なる大きな特徴の一つが、言語によるコミュ
ニケーションです。しかし生物学的にヒトとして生まれたからと
いって、言語を介したコミュニケーションが行えるわけではありま
せん。私たちはヒトに生まれさえすれば人間になると、当たり前の
ように思っていますが、じつはそうではありません。人間が集まっ
て形成している社会の中で、人間となるさまざまな学習をとおし
て、私たちははじめて「人間」になっていくわけです。その過程を
「社会化」と呼びます。この章では、私たちが「人間」になるとい
うことについて、考えていきます。

Step 2　考えてみよう！

【質問】あなたが今いる場所を赤ん坊になったつもりで見てみましょう。
世界はどんな風に見えると思いますか？

【アイデア交換】ほかの人たちに自分のアイデアを伝えてみましょう。ま
たほかの人たちのアイデアも聞いてみましょう。どんな発見がありました
か？

Step 3　「言葉」と「世界」

　Step 2 では、赤ん坊の目から見た世界を想像することができまし
たか？　私たちはみんな赤ん坊だった時期を過ごしていたはずです
が、想像するのは難しかったのではないでしょうか。

　たとえば今教室にいるとしたら、机や椅子、黒板に壁、窓に扉な
どが見えているはずです。しかし赤ん坊ならどうでしょうか。同じ
空間にいても赤ん坊は、そこに「机」や「椅子」、「窓」や「ドア」、
「壁」に「黒板」があるとはわからないでしょう。なぜなら赤ん坊は、
そう区別する言葉をまだ持っていないからです。でも言葉とは関係
なく、「机」や「椅子」があるのは変わらないのでは、と疑問に思
うかもしれませんね。少しイメージトレーニングをしてみましょう。

　「教室」や「机」や「椅子」という言葉をすでに知っている私た
ちは、左側の写真のように「机」「椅子」を別々のものとして認識
しています。でも「机」や「椅子」という言葉を持たず、そのよう
なものの存在を知らない場合は、まるで右の写真のように「机」と

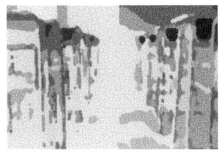

「椅子」それぞれの区別が曖昧になって認識されます。もちろん、物理的にこのように見えているというわけではありません。たとえばあなたがジャングルで迷子になったとき、数えきれないほどの木々や草花が目に入ってくるでしょう。でもそれら、植物の名称を知らなければ、そこにある木や草を明確に区別できず、自分のいる場所はどれも似たような緑に覆われた空間としてしか把握できないでしょう。言葉を獲得することで、私たちは自分たちのいる環境を意味づけ、それをどう認識するかも大きく異なってくるのです。[1]

このように考えると、言葉はこの世界を意味あるものとして経験するための基本的な道具であるといえます。そして赤ん坊は親や周囲の人間から日々話しかけられることで、徐々に言葉を獲得していきます。最初は「うー」や「わぁ」といった音を発声するだけだったものが、やがてある音のつながりと、自分が欲するものとが対応していることを学習していきます。たとえば「マンマ」という音は、自分に心地よさをもたらし、不快を取り除く、匂いや温もりと結びつくものとして身体に記憶されていきます。そうして成長するにつれ、発声する音と刺激の結びつきの種類が増えていきます。「マンマ」だけでなく「パパ」や「じーじ」「ばーば」といった存在も識別していきます。自分が欲するものと、ある特定の音とが結びついていることを理解し、その音を発声して、コミュニケーションをとるようになります。そして子どもは少しずつ自分の周りのものや、自分自身に対してもそれを指し示す「言葉」があることを学習して

1）言葉と認識については今井(2010) や今井(2013) が参考になります。

いきます。たとえば自分は「花子」や「太郎」と呼ばれるものであることを知った幼い子は、しばしば「花子、大きくなったらウルトラマンになる」「太郎はパトカーになるんだ」というように、自分のことを自分の名前で呼んでいます。これは周囲の大人が自分を呼ぶ呼び方を真似しているわけですが、この段階では「他者」とは違う「自分」という存在はまだ十分に理解されていません。

　ところがやがて「花子」や「太郎」という呼び方は、自分以外の人間が自分を指し示すために使うものであることを理解し、自分のことを名前で呼ばなくなります。そうして子どもたちは、他者とは異なる「自分」をあらわすのに、「わたし」や「僕」といった一人称を使うようになるのです。この変化はよく考えてみると非常に興味深いものだと思いませんか。「花子」も「みさき」も「けいこ」も、みんな自分のことを「わたし」と呼んでも混乱しないのは、言葉というものが個別具体的な対象とのみ結びついているわけではなく、一般的抽象的な使われ方をするものであると、理解できているからです。自分は「花子」という「女の子」であり、ママとパパの「娘」であり、太郎の「友だち」であり、「小学生」であるというように、ほかの人間・事物との関係性や役割を理解しているわけです。

　言葉によって物事を一般的に理解できるようになると、私たちと世界の関係はぐっと広がります。たとえば街ですれ違う人やモノは、個別具体的にはほとんど見知らぬもののはずです。しかし言葉を獲得した私たちはそれらを「女」や「子ども」、「若者」「老人」、「看板」や「お店」といった一般的な存在として認識し、既知のものとして処理しています。こうすることで私たちは日常生活を難なく送ることができているのです。

　大人になった私たちには言葉を使うことは当たり前すぎて気づきにくいですが、あらためてその習得過程を考えると非常に不思議で興味深い変化が生じていることがわかります。何も知らなかった赤ん坊が、徐々に「自分」と「他者」を区別し、自分の周りの人たちや事物との関係を理解していくのです。なんら意味を持っていな

かった空間も、言葉を得ることで「机」や「椅子」、「壁」「ドア」「本棚」などに囲まれた「部屋」だと認識されるようになります。そしてやがて過去や未来など、いま目の前にある具体的な対象以外のことを考え、伝えることもできるようになります。これは抽象的言語を持たないほかの動物にはない「人間」に特有の能力です。[2] そしてこの能力は、ヒトに生まれたからといって決して「自然に」身につくものではなく、ヒトが人間のつくる「社会」のなかで育てられていってはじめて習得されるものなのです。こうして言葉を獲得していったヒトが「人間」となり、新たなメンバーとして「社会」に参加していくのです。

Step 4　遊びと社会化

　ヒトが「人間」になっていくという変化は、言葉の習得以外に「遊び」の場面を通じても見られます。たとえば赤ん坊と遊ぶ場面を想像してみましょう。大人は赤ん坊の笑顔が見たくて「いないいないばー」や「たかいたかい」などを一生懸命繰り返します。しかし赤ん坊の目線で想像してみると、「いないいないばー」は、目の前にあったものが消えてまた現れるという視覚的刺激に、「たかいたかい」なら身体が宙に浮くめまいの感覚に反応しているだけと考えられます。一緒に遊んでいる大人を喜ばせるために笑っているわけではないでしょうし、相手がどう感じているかを考えてリアクションをしてもいません。目の前の他者がどのような意図をもっているのか、どう感じているのかを感知し、それにふさわしく応答していくという意味での関係性は、この段階ではまだ生じていないのです。
　やがて子どもは、相手の反応に応答することで成り立つ「ごっこ遊び」を始めるようになります。「母親」や「父親」、「仮面ライダー」といった役にふさわしい振る舞いを模倣し、また遊び相手の言動に応じた対応をしていきます。「今夜もまた飲んで帰って来たの。遅くなるときは連絡してっていつも言っているでしょ」「ごめんよ、

2) 言語の習得過程やそのメカニズムについては、言語学という学問に多くの蓄積があります。興味があれば調べてみて下さい。

そんなに怒らないでよ」といった具合に、子どもたちは「母親」や「父親」の振る舞いを真似することで、それぞれの「役割」を取得していきます。母親役の子は、約束を守らない人を叱るという「役割」を理解し、同時に「約束は守らないと叱られる」「遅く帰ってはいけない」といった反応を学習していきます。また子どもが家庭で目にしているのが、叱られたときに「ごめんなさい」と謝る父親ではなく、「飲むのだって仕事なんだぞ！」と怒りだす父親であれば、父親役の子の、母親役の子に対する反応も変わってくるでしょう。そしてもし母親役の子から「あなた、なに逆ギレしているのよ！！」と怒られたら、父親役の子は、自分の発したメッセージに対する相手の反応によって、そのメッセージの意味を新たに理解していく——飲むのも仕事と開き直ったらさらに怒りを買ってしまう——ことにもなります。子どもたちはごっこ遊びを通して他者の態度・役割を取得し、それに対する反応＝意味を理解し、共有していきます。社会心理学者のG.H. ミードは、このように他者の反応や評価を通して、子どもははじめて自分自身を観ることを経験し、他者から見た自分を意識することで「自我」が形成されていくのだと論じました。[3]「私」という自己意識が他者との相互作用の中で生まれ、「自分」という人間が作られていくのです。

　さらに子どもたちは模倣によって役割を取得するごっこ遊びから、野球やサッカー、バレーといったゲームに興じるようになります。ごっこ遊びが「母親」や「仮面ライダー」など特定の誰かの真似をすることで成立したのに対し、ゲームは自分と目の前の相手とのやりとりだけでは成立しません。ゲームのルール、それからルールが定める一般的・抽象的な役割を理解することが前提になります。たとえば「ピッチャー」は、単にボールを投げることを真似すればできるものではありません。ゲーム全体のルールを理解し、「ピッチャー」以外の「バッター」や「ランナー」、「一塁手」や「キャッチャー」といったほかの役割と、それら相互の関係性も理解しなければ、「ピッチャー」としてゲームに参加することはできないでしょ

3）ミード（1934＝2005）の『精神・自我・社会』という大著は、社会学の入門書では必ず言及される古典です。ミードは社会心理学者ですが、世界で最初の社会学部がつくられたシカゴ大学で教鞭をとり、当時の社会学にも大きな影響を与えました。社会学の古典や歴史を知るのには、奥村（2004）、A.ギデンズ（2006＝2009）、長谷川他（2007）などが、分かりやすく、参考になるでしょう。

う。ゲームの段階に入ると、子どもたちは個別具体的な「誰か」の役割だけではなく、全体における役割相互の関係性において、自分が果たすべき役割を捉えるようになっていくのです。これはミードがいう「一般化された他者」を内面化した段階だと理解できます。

　ここで「一般化された他者」というのはどういうものか、もう少し具体例を挙げて説明してみましょう。父親がテーブルに置きっぱなしにしていたタバコを、好奇心から吸ってみようとする高校生がいるとします。その子は誰にも見つからない場所を探そうと外に出ますが、ポケットに忍ばせているタバコのことを気づかれるのではないかと内心びくびくしています。結局、少し近所をウロウロしただけで家に帰り、タバコを元あった場所に戻してしまいます。このとき、この子が抱いたどこか後ろめたい気持ちや、びくびくとした不安を想像してみて下さい。それは「親」や「先生」といった特定の人物からの叱責を恐れているためだけではないでしょう。その子に内面化された、「高校生なのにタバコを吸おうとしていること」を否定的に評価するであろう社会一般の反応（一般化された他者）が、その子の行動を規制しているのです。それは「高校生とはタバコを吸うような存在ではない」という、この社会集団での「高校生」役割や、喫煙する高校生を許さない「大人」役割などを身に付け、理解しているということでもあります。

　ゲームのルールや、ゲーム内での役割相互間の関係性を理解し内面化してはじめて、サッカーや野球といったゲームに参加できるように、私たちは自分が所属する社会集団のルールや役割を理解して、その集団のメンバーとして振る舞えるようになっていきます。そしてその振る舞いに対する他者の反応を観察・確認し、場合によっては修正あるいは強化しながら、所属する集団にふさわしい／ふさわしくない自己を形成していくのです。私たちは他者とのコミュニケーションによって、「自分」という人間になっていくのです。

Step 5　人間をつくる社会、社会をつくる人間

　Step 3 では言葉、Step 4 では遊びに注目して、どのように私たち
が「人間」として、この社会に参加するようになるのかを見てきま
した。言葉や役割、ルールなどは、誰がそれを発明し、どうやって
作られたのかわかりません。しかしヒトという生き物として生を受
けた私たちは、すでにある言葉や役割やルールを身に付けていくこ
とで、この社会のメンバーである「人間」になっていきます。そう
して「人間」になった私たちが、また新たな世代に言葉やルールを
教えてメンバーを育て、この社会を再生産していくのです。

　このようなプロセスを考えると、自分で選択し、自分で決断した
と考えていたことが思いのほか、参加する共同体のルールや価値観
からの学習の結果であることに愕然とするかもしれません。あなた
が好きだと思ったその服、あなたが選んだと思ったその就職先、あ
なたが自分の好みだと思っていた恋人だって、自分が帰属している
集団や社会の価値観やルール、規範と無関係ではありえないので
す。私たちがヒトから人間になるということは、必然的に私たちが
社会的存在——その社会の価値観やルールを生きる存在——になる
ことを意味しているのですから。

　それでは一体「自分」が考え、感じることなんてどこにもないの
か、自分のものだと思っていた意識や感情は自分のものではないの
か、という恐ろしい疑問が浮かんできます。

　確かに人間は社会の中で、社会が用意する価値観や規範、役割を
身につけて社会のメンバーとなっていきます。しかし同時に 1 人の
人間がそうした価値観と完全に合致することもまたありえないので
す。というのも私たちは他者との相互作用の中で、社会のルールや
役割を習得していくのですから、どのような他者と出会うかによっ
て相互作用のあり方も、そこで生じる反応の意味付けも一様ではあ
りえません。また価値観や規範というのは、鋳型のように完全に固

定されたものではなく、人々の行為や言葉に対する意味解釈によっ
て成り立っています。ですから私たちが思っているよりも変化を生
む「すき間」やバリエーションがあるのです。そしてこのすき間が
あることで、私たち人間が社会を変化させ、新たな価値を創造する
こともまた可能となるのです。

　でもどんな「すき間」があるのか、どんな働きかけがありうるの
かは、社会あるいは共同体の価値や規範をそのまま受け入れている
だけでは、気づくことは困難です。自分のいる社会がすべてだと思
わずに、漠然と感じる違和感にじっと目を凝らし、耳を傾けると
き、私たちは「こうであるはずだ」と思い込んでいた世界の「すき
間」を見つけることができます。私たちにあらかじめ用意された言
葉とルールが、どのような形で私たちの思考を方向付けているの
か、そしてその「すき間」を見つけるとはどういうことなのか、少
し考えてみましょう。

　言葉の「すき間」を見つけるのに、1949年に G. オーウェルが発
表した『1984年』というデストピア小説は、非常に示唆的です[4]。オー
ウェルは当時の東西冷戦構造を思わせる近未来を舞台に、言葉が切
り詰められ、歴史が書き換えられ、思考が奪われる社会を描き出し
ています。SF 的で、非現実的な世界は、読み進めるうちに、私た
ちの「現実」のあり様を拡大鏡で映したものに見えてきます。たと
えば作品中の独裁政党が掲げるスローガン「戦争は平和なり」。こ
れは一見、私たちには奇妙な矛盾をはらんだ言葉に見えます。しか
し政治支配者が戦争の為の武器を買い漁り、軍事費をどんどん増や
していくとき、使われる言葉は何か。「平和」です。あるいは「防衛」
です。「我々の平和を守るため、我が国は基地防衛を確実なものに
していく」「国際平和を維持するために、軍隊を派遣する」といっ
た説明はまさに「戦争は平和なり」というスローガンそのものでしょ
う。「平和」という既存の言葉が用意する思い込みを取っ払い、そ
の言葉の矛盾（すき間）を問うてみると、「いま・ここ」の自分がい
る世界の見え方が変わってくるのではないでしょうか。

4) オーウェル
(1949＝2009)。

　そしてもう一つ社会にあるルールの「すき間」を考えるのに、「殺人」を例に挙げてみましょう。私たちは「人を殺してはいけない」ということを、普遍的なルールだと考えています。でも本当にそうでしょうか？　というのも、この世界には人をたくさん殺せば殺すほど褒められるという仕事があります。またいくら強制的に人を殺しても罰せられない合法的な殺人があります。何か想像ができますか？　前者は軍隊で、後者は死刑です。敵を多く殺した兵士は、その功績を称えられ勲章をもらいます。しかし「敵」として殺された人の遺族からみれば、その兵士は間違いなく殺人者です[5]。そして「人を殺すことは犯罪だ」と処罰する国家が、死刑という形で人を殺すのだとしたら、その正当性は一体何に求めればいいのでしょうか[6]。犯人を逮捕した警察、起訴した検察、有罪と確定した裁判官、死刑執行書類に印鑑を押す法務大臣。これらすべての人々が誤った判断を一切していないという前提が、死刑の「正しさ」を担保するのでしょうか。誰かを殺した人を殺すのは当然だというなら、そもそも「人を殺してはいけない」というルールは、普遍的なものではないことになってしまうのではないでしょうか。

　このような問いかけは唯一の「正解」を出すためのものではありません。言葉やルールといったものによって、私たちが当たり前だと思考停止してしまっている常識を、問い直すこと自体がむしろ重要です。言葉も社会のルールも、人間が作り出したものであり、そのルールからはみ出し、排除され、抑圧されてきた人間は、これまでも、今も、そしてこれからも存在するでしょう。そのようなルールを太陽の運行のように絶対視し、その変更を許さないのであれば、私たちは「自由」に生きることはできません。

　言葉やルールは、私たちを縛るためのものではなく、私たちが社会に働きかけ、新たな価値や社会を誕生させるための道具としていくものです。社会学は、人間が社会に働きかけ、社会を変えていけるのだと認識したときに誕生しました。そして社会学は、社会の仕組みを観察し、それを理解する方法や言葉を探し続けてきました。

5）ベトナム帰還兵のA.ネルソン（2010）は、兵士が戦場で女性や子どもも殺す戦争の「現実」を語っています。

6）世界最大の国際人権NGOアムネスティ・インターナショナルでは「死刑統計」が発表されています。日本語版は（amnesty.or.jp/human-rights/topic/death_penalty/statistics.html）を参照。また世界で死刑が実施されている国を調べてみましょう。日本のように死刑を行っているのはどういう国でしょうか？

7）バウマン（2014
＝2016）46頁

ポーランド生まれの社会学者 Z. バウマンはこう言っています。「社会学は規則や規範なるものが偶然の産物であること、唯一の可能性（他の可能性をすべて犠牲にして選ばれたもの）の周りに代替的な選択肢がたくさんあることを明かします[7]」と。

　人間以外の生き物は、いまある環境や条件の中で生きていくほかありませんが、人間は、自分を取り巻く環境自体を問い、その環境を観察し、働きかけ、新たな条件をつくることができます。社会学はそうやって、「社会とはこういうものだ」という思い込みによって制限されていた視野の「すき間」を見つけてきました。そしてそのすき間から私たちが生きている世界を覗いてみると、社会に働きかけ、その枠組みを創り直してきた人間の営みが見えてきます。

　このあとの章では、人間の生き方や価値観を形成していく社会と、その社会のすき間を見つけて、新たな価値を見出していく人間の社会学的な営み（発想？）を、読者であるあなたと一緒に実践していきます。

Step 6　自分でやってみよう！

　この本の目次を見て、自分が興味を持ったテーマについて、どのような「当たり前」があるかを想像してみましょう。

【参考文献】
　今井むつみ（2010）『ことばと思考』岩波新書
　今井むつみ（2013）『ことばの発達と謎を解く』ちくまプリマー新書
　ジョージ・オーウェル（1949＝2009）『一九八四年　新訳版』高橋和久訳、
　　　ハヤカワ epi 文庫
　奥村隆（2014）『社会学の歴史Ⅰ——社会という謎の系譜』有斐閣アルマ
　アンソニー・ギデンズ（2006＝2009）『社会学　第 5 版』松尾精文他訳、
　　　而立書房
　アレン・ネルソン（2010）『『ネルソンさん、あなたは人を殺しましたか？』
　　　——ベトナム帰還兵が語る「ほんとうの戦争」』講談社文庫

ジグムント・バウマン（2014＝2016）『社会学の使い方』伊藤茂訳、青土
　　社

長谷川公一・浜日出夫・藤村正之・町村敬志（2007）『社会学』有斐閣

ジョージ・ハーバート・ミード（1934＝2005）『精神・自我・社会　復刻
　　版（現代社会学大系第10巻）』稲葉三千男・滝沢正樹・中野収訳、青
　　木書店

2章

友だち

■キーコンセプト
学校教育、合理化、サードプレイス

Step 1 「友だち」って誰のこと？

　あなたにとって「友だち」とはどんな存在でしょうか。「特に仲がいい人」のことですか。それとも「よく一緒に遊ぶ人」ですか？「困った時に助けてくれる誰か」と答える人もいるでしょう。この質問を自閉症傾向を持つ子どもに投げかけると、「5回以上話したひとが友だち」といった答えが返ってくることがあるといいます。おそらく多くの人にとって、このように話した回数を友だちの定義に用いるのは奇妙に映るでしょう。

　友だちとは仲が良くて大事な存在で、いつの間にか自分の周りにいるもの。私たちにとって友だちとはそうした「自然な」存在で、「こうこうこういう人だから友だちになろう」などと意識して作るものではないと思っています。それは友だちの語源の一つである「とも（共・伴・侶・朋・友）にいる」という言葉でも表されています。ともに同じ場所で長い時間を共有することにより、徐々に信頼関係ができ、友だちになっていくという見方です。

　さらにそうした見方の中には、友だちとは仲良くするもので、困ったときには助けあい、決して裏切ってはいけないといった友情の理想像が投影されてもいるでしょう。そうした理想はあくまで理想で、現実とは違うとよくわかっていても、それは社会通念として

共有され、共有されることにより力を持っています。

　その意味では、友だちがどういう存在なのかは、単なる辞書的な定義の問題ではなく、すでに社会学的な意味を持った問いなのです。友だちというものの持つ「自然さ」は、その背後にある社会的背景を見えにくくしていますが、社会学的な視点から見れば見えてくるでしょう。この章では、友だちという関係性を成り立たせている社会のあり方について考察してみましょう。

Step 2　考えてみよう！

> 【質問】あなたの友だちを何人か思い浮かべて下さい。彼らに共通する条件は何ですか？

> 【アイデア交換】上で記述した友だちの条件をほかの人と共有し、似ているところと違うところを確かめてみましょう。

Step 3　友だちになることと学校

　上の質問にどう答えたでしょうか。友だちになるのに前もって条件なんてつけないと思ったかもしれません。すでに述べたように、そういった「客観的」で「冷たい」定義から最も遠いものが、友だちというものに関する社会的通念や規範であり、私たちの自然な感覚でさえあるかもしれないからです。

　しかし、そうした規範とは一見逆に思えるかもしれませんが、誰かと誰かが友だちになるときには、一定の社会的条件が前提されています。たとえば年齢です。あなたの友だちの年齢を思い出してみ

1）内閣府（2009年）「第四回　非行原因に関する総合的研究調査」（https://www8.cao.go.jp/youth/kenkyu/hikou4/pdf_index.htm）によれば、回答した大学生の半分以上が親しい友だちが同い年だけだと答えています。

2）注1と同じ調査によれば、大学生が親しい友だちと出会った主な場所は、9割以上が現在の学校、7割強が以前の学校の友だちであり、幼なじみが25%ほど、15%強がアルバイト先で出会った友だちということです（複数回答）。

3）大学であればもう少し幅広い年齢の人が集まっているはずですが、実際どれだけ年の差のある友だちがいるでしょうか。

て下さい。ほとんどがあなたと同年代、場合によってはその多くが同年齢なのではないでしょうか[1]。それは単なる偶然ではありません。友だちとどこで出会ったかを思い出してみて下さい。幼なじみを除けば、たいてい学校で出会ったのではないでしょうか[2]。中学や高校に通う生徒の年齢差は、基本的に3歳以内であり、また多くの場合、同じクラスに属している人同士で親しくなりやすいので、中学や高校では同年齢の人と友だちになる傾向が強くあります[3]。

　もちろん、学校の中でも、クラス外の人と仲良くなる機会はあります。代表的なのが部活動です。部活動では、限られた数のメンバーで一つの同じ活動を定期的に熱心に行うため、密な人間関係が生じます。しかし、そこで親しくなった人をみな「友だち」と呼べるでしょうか。部活動——特に体育会系の部活で顕著ですが——では、そこで仲良くなった人たちは「先輩／後輩」という人間関係の中に置かれます。一旦、先輩／後輩関係が成立すると、友だちとは言いにくくなるでしょう。先輩／後輩には、明確な上下関係があり、相手が先輩かそれとも後輩かで、言葉遣いも変えなければならないからです。

　このように、部活動というクラス外で親密な人間関係を作る場で、私たちはしばしば友だちとは呼びにくい関係性を作ることになります。しかも、こうして学び取られた関係性の「型（パターン）」は、他の場所でも適用されうるものです。つまり、その関係性の型を身につけた人は、学校以外の場でも年上の人や先に入った人を先輩、その逆の人を後輩と呼び、友だちとは違う上下関係のある関係、指示を与える側と指示を受ける側という枠組みの中で振るまおうとするかもしれないということです。もし厳密にこのルールに従えば、異世代の人と出会っても、同い年ではないという理由だけで、どこかよそよそしい関係になってしまうかもしれません。このように考えてみれば、学校という場が私たちの人間関係の作り方に対して持っている影響力の大きさがよくわかるでしょう。

　ここまで述べてきたことは、友だちになる条件の前提に、出会い

の機会があり、その機会は社会のあり方によって与えられるもので
あるということを示しています。つまり、友だちになるにはまず出
会って仲良くならなければなりませんが、いつどこで誰と出会うの
かは、かなりの程度まで社会的に条件付けられているということで
す。この機会が、どのような社会構造の中で与えられているかを考
えれば、友だちを作る機会の中で学校の占める割合がかなり多いと
いうのもまた偶然ではないことがわかります。というのも、現代の
社会では、ほとんどの人が高校まで進学し、かなり長期間（高校ま
でで12年間、大学を卒業するにはなんと16年間です）、学校で過ごすとい
う毎日を送るのが当たり前になっているからです。

　しかし、学校が子どもや若者の生活の大半を占めるという状況は
ずっと昔からそうだったというものではありません。今のようにほ
とんどの人が学校に通うという状況はつい最近の話ですし、そもそ
も学校教育が全国で一律で行われるということ自体、近代になって
からの話です。就学率の変化を示す図表2−1を見れば、学校教育
の確立とともに、いかに就学年数が伸びてきたのかよくわかるで
しょう。

　国家規模の教育制度が日本で導入されたのは1872（明治5）年で
す。この年の学制令公布[4]によって全国で小学校が整備され、その後

4) 日本ではじめ
て公的に学校教育
を制度化した法
令。

図表2−1　学齢児童就学率

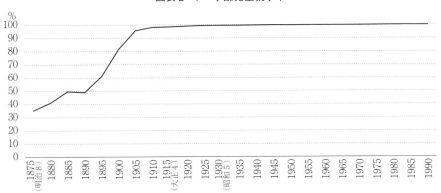

出典）角（2014）表1をもとに筆者作成。

の小学校令によって正式に義務教育化されました。この時の義務教育期間は、今と違って小学校だけ、しかもその小学校は、六年制ではなく四年制でした。また義務教育といっても当初は授業料が必要で、そのためもあって就学率はなかなか上がりませんでした。図表2-1を見れば、たった4年に過ぎない小学校の就学率が90％を超え、「当たり前」のものとなるのは20世紀に入ってからであることがわかります。[5] 中学校や高校に行くのが当たり前になるのは、はるかに後です。[6] 長い歴史の話なのでピンと来ないかもしれませんが、これはかなり急激な変化です。[7] 現在のようにほとんどの人が高校までの12年間を学校で過ごし、その後も大多数の人が大学や短大、専門学校などの高等教育機関に進学し、2～4年を学校で過ごすのが当たり前になったのはかなり最近なのです。

　このように長い年月を、しかも平日の朝から夕方まで毎日「ともに」過ごせば、誰かと仲良くなって友だちになるという機会のほとんどが用意される場が学校になります。ところが、これに対して、近代化以前の社会、つまり学校教育が普及する以前の若者や子どもたちは幅広い年齢の人々と「ともに」過ごす場所と時間を持っていました。言い方を変えれば、現在のように、ほぼ同じ年齢の人たちだけが集められて長い時間をともに過ごすような場所がほとんどなかったわけです。当然、友だちになる社会的条件は近代化以前と以後で大きく異なるのです。以下ではこのことを考えてみましょう。

Step 4　教育の合理化と学級という閉鎖空間

　現在のような全国一律での学校制度は近代になってはじめて発達したものです。学校制度は近代化の重要なパーツであり、学校制度なくして近代化は達成できません。この学校教育と近代化の関わりについてはさまざまな論点がありますが、ここでは、合理化という社会学で古くから論じられてきた概念によって捉えてみましょう。合理化概念は、簡単には説明できないほど複雑で高度な内容を持ち

5）義務教育が無償化されたのは1900年になってからですが、これが就学率を大きく上昇させました。

6）現在の中学・高校に当たる中等教育の進学率は、小学校に行くのが当たり前になった20世紀の初頭ではまだ10％にも達しておらず、戦後に高校に進学する人の割合も1955年にやっと半分を超えています。高校進学率が90％を超えるのは1974年のことです。

7）2018年現在からみれば、小学校に行く人が9割を超えるのは約120年前、中学校に行く人が9割を超えるのは約70年前、高校に行く人が9割を超えるのは約45年前ということになります。

ますが、ここでは形式上合理的な仕組みが次々と作られ、社会がそ
れに従って組み上げなおされていくというくらいに理解しておきま
しょう。合理化によって効率的なシステムが作られますが、同時に
そこから実質的な意味が失われていくという負の側面もあり、この
両者を同時に視野に入れてきたのが社会学の合理化概念の特色で
す。[8] 実質的な意味が失われていくというのは、本来その合理化の目
指すところとは隔たった結果がもたらされたり、合理化の結果もた
らされた状態が、そこで生きる人間にとって生きる意味を感じられ
ないようなものとなるといった事態を指します。

　教育の合理化がいかに行われてきたかを全面的に論じると話が広
がり過ぎてしまいますので、ここでは学校での人間関係に直接影響
を与える部分だけを考えましょう。現在の学校のような合理的な教
育システムの根本には、標準化された「カリキュラム」があります。
つまり、教育される教科とその内容が教育システム全体であらかじ
め決められることにより、どの学校でも一律に同じような教育を行
う体制を整えることができるようになるということです。ここでの
合理性は、教えられる側以上に教える側にあるかもしれません。あ
らかじめ標準的なカリキュラムが決められていることにより、それ
を教える教師にどのような知識が必要かも決定され、教師になる人
間に何を習得させればよいか、どのような試験によってその資格を
判定すればよいのかが決まるからです。

　個々の生徒をこのカリキュラムの中を段階的に進んでいく「学年」
という枠組に組み込むことで成立するのが学校という合理的なシス
テムです。この学年制が合理的なのは、ある時期に生まれた子ども
を同じ学年というカテゴリーに統合することで均質的な学級＝クラ
スを作り上げるからです。大人とは違い、年齢によってできること
とできないことが相当程度まで決まってしまう子どもに対して効率
よく教育を施すために、とりあえず年齢によって学年を分けてしま
うわけです。もし生徒たちの年齢がバラバラであれば、1人の教師
はたくさんの生徒を受け持つことができなくなるでしょう。子ども

8）こうした考え
方を最初に追究し
たのが社会学の父
と も 呼 ば れ る
M.ヴェーバー
（1920＝1989）で
す。難易度は高い
ですが、興味のあ
る人は彼の『プロ
テスタンティズム
の倫理と資本主義
の精神』を読んで
みて下さい。

たちの集団を年齢によって均等に分割することで、学習段階を一定程度揃え、たくさんの生徒に一挙に同じ内容の授業をするというのが私たちのよく知る近代の学校の姿です。つまり、学校という教育システムの合理性は、標準的なカリキュラムを均質的な生徒に教えるという前提で機能しているわけです。

　しかし、当然ながら、このような形式的に合理的なシステムが実際に合理的に機能するかどうかはまた別問題です。というのも、各生徒の置かれた条件は年齢が同じでも、均質的どころかかなり異なっているからです。親が教育熱心か、それとも無関心かといった家庭環境は当然一人ひとり違います。教師の教え方だって教師ごとに違ったりします。また、個々の生徒の発達の不均質さや、生まれつきの向き不向きのような傾向の違いを考えれば、同じ年に生まれたからといって同じ学年として同じ学習段階に置くのは、そもそも無理があることといえるかもしれません。

　Step 3 で、学校で過ごす期間がどんどん長くなってきたのを見ました。この教育年数の長期化は、普通教育[9]が普及したということを意味します。つまり、標準化されたカリキュラムを年齢という点で均質な生徒に教えることが一般化し、その期間が年々長くなっていくという変化が起きたのです。そしてその学校の中では学年・学級という年齢によって区切られた集団の中に人間関係が囲い込まれます。その結果生じるのが、教室という閉鎖的な空間の中に30〜40人ほどの生徒が押し込められ、毎日毎日、長時間を過ごすという学校生活です。

　社会学は合理化がしばしば非人間性を伴うということを明らかにしてきましたが[10]、こうした閉鎖空間が非人間的な性質を持っていることはみなさんもよく知っていることと思います。毎日毎日同じ狭い空間で同じ人たちと長時間過ごさなければならず、その顔触れはクラス替えの時を除いては変わることがありません。その閉鎖的な空間の中で編まれる人間関係は、しばしば同じく閉鎖的なものとなります。他の人と違う行動をすると、協調性がないと排除されてし

9）国民全員に提供される基礎的な教育。制度的には義務教育という形をとります。

10）たとえば、G. リッツア（1993＝1999）は、ヴェーバーの考えを受けつぎ、ファストフード・チェーンという合理的企業が、消費者にも労働者にも非人間的な環境をもたらしているということを指摘しています。

まうかもしれません。なんらかの理由で、あるいはたまたま、仲間づくりにつまずけば、「友だちがいない」といったレッテルを張られるばかりか、いじめの対象にすらなってしまうかもしれません。あるいは、自分自身は「別に1人でもいいや」と思っていても、周りから「友だちのいないかわいそうなやつ」と思われてしまうのがいやだということもあるかもしれません。いじめや不登校といった現代の学校の抱える問題を、こうした閉鎖性と切り離して語ることはできないでしょう。

こうした状況は、学校教育普及前の社会ではまったく異なっています。小学校制度が導入される前の、江戸の終わり頃の社会を想像してみましょう。そこには公的な一律の学校制度はありません。代わりに寺子屋というものがありました。寺子屋は、町人や農民の子どもに読み書き算盤を教えるもので、江戸時代末頃までには相当普及し、全国に1万カ所以上あったといわれています。[11] 寺子屋の様子は現在の学校とは大きく違い、1人の師匠が同じ部屋で10人〜20人くらいのさまざまな年齢の生徒を見ます。師匠がみんなに同じ内容の授業をするという教育法ではなく、生徒たちはそれぞれ自分の課題、自分の学びたいことを学び、それぞれが師匠に教えてもらうというやり方です。それは、知識の伝授という意味で教育が行われている場所であっても、同い年の子どもだけが一部屋に集められ、同じ内容の授業を受け、同じ活動を行うという現在の学校とはずいぶん異なったあり方です。年齢という点でも、教育内容という点でもはるかに多様であり、自由でゆるやかな空間です。

もちろん、近代と前近代の教育を比べて単純に昔の方がよかったという話ではありません。個々の生徒の学習内容が同じでないというのは、教育が均一に行われておらず、個々の生徒の家の豊かさや身分などによって受けられる教育がほぼ完全に決まっていたということでもあります。自由でゆるやかな空間というのは、言い方を変えればルーズで適当だということにもなりかねません。しかし同時に、そこでの人間関係には、現在の学校でのそれのような息苦し

11) とはいっても、やはり寺子屋に行く子どもたちは限られており、近代社会の普通教育とは違います。寺子屋について興味があれば石川(1966) を見て下さい。

もなかったでしょう。いやだったら行かなければいいし、そもそも毎日同じ時間に通うようなものではないからです。つまりそこには「これが普通」といった標準的な基準がないわけです。

　このような寺子屋の姿を鏡にすれば、現在の学校がなぜ息苦しさを伴うのかよくわかると思います。個々の生徒のペースに関係なく、標準的な基準によって教育が進められ、そうした基準によって生徒たちは一律に評価されます。そして、人間関係も学年という標準的な基準によって切り離され、教室という閉鎖された空間に閉じ込められます。その関係がいやだと思っても、学校が変わることが難しいのはもちろん、義務教育である以上、学校に行かないという選択肢は基本的にありません。つまり逃げ場がないわけです。こうした観点からすると、学校以外で人間関係を編めるようなオルタナティブな場が用意されているということが重要になるでしょう。不登校児の増加に伴って近年フリースクールがたくさんの地域にできているのは、近代の学校の抱えるそうした矛盾とそれに対応する動きの表れだといえるかもしれません。

Step 5　サードプレイスという出会いの場

　Step 1で、私たちが「友だち」を厳密な定義や客観的な基準とは無縁な何かとして捉えているという話をしました。言い換えれば、私たちは「友だち」というものをすごく曖昧で感覚的な存在として捉えているということです。ところが、今まで見てきたように、友だちと呼べる関係性を形成するための前提となる人間関係は、社会のあり方によって相当程度まで定まっています。そして教育の合理化とともに、友だちという人間関係の形成が、基本的に学校という閉鎖空間に閉じ込められます。もし同じ学校、同じ学級、同じ年齢といった客観的な条件によって選択が制約されているのならば、それは自閉症傾向を持つ子どものような「5回以上話した人」という基準と本質的に異なったものでしょうか？　自分で意識的に基準や

定義を定めていないだけで、友だちの条件が客観的なものとして存在している点は同じです。

しかし、本当に私たちはそんなに不自由な人間関係しか持っていないのでしょうか。学校や職場以外に人間関係を形成するオルタナティブな場が私たちの社会には存在していないのでしょうか。この点で興味深い例を提供してくれるのが、米国の都市社会学者 R. オルデンバーグ（1996＝2013）の言う「サードプレイス」です。オルデンバーグは、家族との人間関係の場である家、仕事上の人間関係の場である職場の往復だけが私たちの生活ではないと考えました。彼は、このどちらとも違うが、それらと同じくらい重要な第三の場が存在するとし、それをサードプレイスと呼びました。サードプレイスは、さまざまな人が集まり、まったりと落ち着き、ゆったりとした会話を楽しむ空間です。感覚的な表現ですが、そうした感覚がサードプレイスでは重要です。サードプレイスでは何かのために頑張ったり、効率的に動くために時間を気にしたりしないのです。そこは目的を持って集まる場でもなく、何かのために組織された場でもありません。そこは、ほかの人と出会い、会話を楽しむ、遊びの空間なのであり、それゆえに開かれた場なのです。

オルデンバーグは、サードプレイスの具体例としてイギリスのパブやアメリカの居酒屋、フランスのカフェなどを挙げていますが、単に飲食ができて人が集まる空間であれば何でもサードプレイスだといっているわけではありません。大事なのは空間や場所の性質なのではなく、そこで作られる人間関係の性質です。カフェや居酒屋でも、そこで行われているのが営業目的の接待であれば、それはサードプレイスにはなりえません。接待での人間関係の基本にあるのは、企業の利益の追求という合理的な目的です。会話を楽しむことができたとしても、あくまでも仕事上の目的に沿った上でのことでしかありません。そしてそうであるがゆえに、そこでの人間関係はほかの人々に開かれたものとはならないでしょう。それとは反対にサードプレイスでの会話は、その時その場にたまたま集まった人

同士が交わすもので、楽しい時間を過ごすためのものでしかありません。そしてそこに集まるのが異なった職業、異なった年齢の多様な背景を持った人々でありうるという意味で開かれた場なのです。言い方を変えればサードプレイスとは異質な他者と出会い、ともに会話を楽しむ可能性を持った場なのです。

　サードプレイスがサードプレイスであるためには、ゆったりと会話を楽しむために集まる遊びの場という性質が保たれていなければなりません。そのために重要なのは、そこで人が自分の仕事や役割から離れ、地位や立場の違う人々と対等に遊んだり、会話したりすることができることです。これはつまり、サードプレイスが、出会う機会と出会う人の対等性という、友だちになるための社会的条件を二つとも備えた場であるということです。そしてその関係性は、流動性と継続性を兼ね備えています。つまり、サードプレイスのメンバーは「顔馴染み」のような形で一定程度固定されたものですが、学校や会社のような固定されたメンバーシップがあるわけでなく、入れ替わることもよくあり、顰蹙（ひんしゅく）を買うようなことをすればメンバーとみなされなくなったりすることもあります。開かれた人間関係であっても、何の制約も受けないわけではありません。

　しかし、考えてみれば、こうした社会的条件のうち、「対等性」というのは私たちの思い込みに過ぎない部分があります。それまで友だちになるのは難しいと捉えていた人とも、頭を柔らかくするだけで対等な人間関係を結ぶことが可能になるかもしれません。

　たとえばみなさんの通う大学です。本来、大学には中学や高校のような学級制度は存在していません。大学では、学生が自分で取る授業を決め、授業ごとに違う教室に移動し、違うクラスメートと接します。違う学年の学生が同じ授業を取ることもしばしばあるでしょう。この場合、「ともに」同じ場所と時間を過ごし、友だちになる機会は、中学や高校より広いものになります。その人間関係は高校までのように閉鎖された空間に閉じ込められたものではなく、ゼミ選択やサークル選び、あるいは授業選択のように、自分の選択

の余地もあります。そう考えてみると、学級制度という縛りを自分の頭から取り払うことができれば、大学は、サードプレイス的な出会いを提供することができる可能性を秘めた場だといえるでしょう。

Step 6　自分でやってみよう！

　自分の生活を振り返って、学校や職場（バイト先）以外に友だちを作る場になりうる場所がないか考えてみましょう。さらにそこがサードプレイス的な要素（異質な他者と出会い、まったりと会話したり、遊んだりし、対等な関係性を作れる）をどれだけ持っているか記述してみましょう。

【参考文献】
　石川謙（1966）『寺子屋——庶民教育機関』至文堂
　マックス・ヴェーバー（1920＝1989）『プロテスタンティズムの倫理と資本主義の精神』大塚久雄訳、岩波文庫
　レイ・オルデンバーグ（1996＝2013）『サードプレイス——コミュニティの核になる「とびきり居心地よい場所」』忠平美幸訳、みすず書房
　角知行（2014）「日本の就学率は世界一だったのか」『天理大学人権問題研究室紀要』17号、19-31頁
　ジョージ・リッツア（1993＝1999）『マクドナルド化する社会』正岡寛司監訳、早稲田大学出版部

3章

#

■キーコンセプト
異性愛／同性愛、恋愛結婚、ロマンティック・ラブ

Step 1　恋愛とはどういうもの？

　友人関係と同じく、恋愛関係というのは、公的な制度の支えを持たないプライベートなものであり、家族関係のような血縁という支えも持たない人間関係です。その意味では私的というだけでなく、基盤の脆弱なものであるはずですが、恋の力の強さを語る言葉や詩、歌、物語は私たちの生活の中にあふれています。恋を病にたとえるのは、古来日本だけでなく、さまざまな社会で使われてきたありふれた慣用語法です。「病」にたとえることで語られているのは、恋愛の持つ、自分の意思を越えたどうにもできない性質です。病気も自分の意思でなるものではなく、そうなりたくなくてもなってしまうものです。こうした比喩は、私たちの経験する恋の衝撃的で人を突き動かすような力、自分の感情でありながら自分の意志でコントロールできないような強さを表現しています。

　そうした意味では、恋愛の本質は熱情と衝動だと考えられてきたといえるでしょう。そして、そうした情熱的な恋愛はやがて結婚へ至るというのが、いわゆる「幸せな恋愛」の物語で、さまざまなメディアの中でいろんなバリエーションを持って繰り返されています。しかし、こうした恋愛観は本当にそんなに当たり前なのでしょうか。

Step 2　考えてみよう！

【質問】どういう人であれば恋人と呼べるのでしょうか？　恋愛関係とほかの人間関係（たとえば友人関係）との違いは何でしょうか？

【アイデア交換】質問で記述した恋人関係の条件をほかの人と意見交換し、共通する点と違う点をたしかめてみましょう。

Step 3　愛と性と結婚の結びつき

　みなさんにとって恋人とはどのような存在だったでしょうか？全体として見ると人による違いもあったかもしれませんが、おそらく共通する要素が多かったでしょう。たとえば、ほとんどの人が「好き」という気持ち、あるいは「恋」や「愛」と呼ばれる感情があるかどうかということを挙げたかと思います。「プラトニック・ラブ」という言葉が表しているように、私たちは、動物的な本能とみなされる性的欲望と、「純粋」で「精神的」な恋愛感情を区別し、後者をより高いものとみなす傾向にあります。同時にまた、「性的な独占関係」も、――挙げるのが恥ずかしかったかもしれませんが――多くの人が挙げるような要素であるのは間違いないでしょう。付き合っている人とのみ性的関係を結び、ほかの人とは性的関係を持たないというのは、恋人関係にとって基本的なこととされています。付き合っているにもかかわらず、ほかの人と性的な関係を持てば、「浮気」とされ、その恋人関係を危機に陥れます。あるいは、「結婚」にいずれつながるということを恋人の条件として思い浮か

べた人もいたかもしれません。学生時代の付き合いから結婚に至る
というケースが実際にはそれほど多くなくても、結婚を意識してい
るかどうかいうのは「真剣な交際」であることを象徴的に示す条件
です。

　愛、性、結婚は、私たちの「幸せな恋愛像」を構成する三つの基
本的な要素です。どれが欠けても幸せな結末には至らないかのよう
に見えます。「愛のないセックス」や「結婚にいたらない恋愛」か
らは不幸な連想がかきたてられます。婚姻関係における「セックス
レス」も関係の破綻を印象付けます。プラトニック・ラブが象徴す
るように、性的な関係を欠いた愛というのは存在しうるし、むしろ
より純粋な愛という高尚なイメージを持ったものですが、同時に
「もの足りない」とか「本当に愛されているのだろうか」という疑
念につながりかねないものでもあります。よく使われる「ゴール」
という比喩が如実に示しているように、結婚はハッピーエンドに至
るための不可欠な要素として捉えられています。

　愛・性・結婚が結びついた恋愛像はメディアの中で繰り返し描か
れるものでもあり、私たちはそれを見聞きし育ちます。ディズニー
映画であれ、少女漫画であれ、恋愛ドラマであれ、典型的なハッ
ピーエンドというのは、最後に2人が結ばれ、結婚するか、少なく
ともそこに至る道が開かれたことが示されて終わるものです。要す
るに、幸せな恋愛の物語というのは、おとぎ話のように「それから
2人はいつまでも幸せに暮らしました」と終わらなければならない
ものなのです。私たちの日常はこうした幸せな恋愛物語によって溢
れています。

　しかし、この三つがすべて結びつき、私たちの抱くような幸せな
恋愛像が一般的になったのは、実は日本では戦後になってから、そ
れも比較的最近の話です。図表3-1を見て下さい。

　これは1973年に実施された、婚前交渉の可否や、婚前交渉を可と
する場合の条件（愛情があればよいのか、婚約していればよいのかなど）
についての調査結果を、男女別・年齢別で示したものです。横軸に

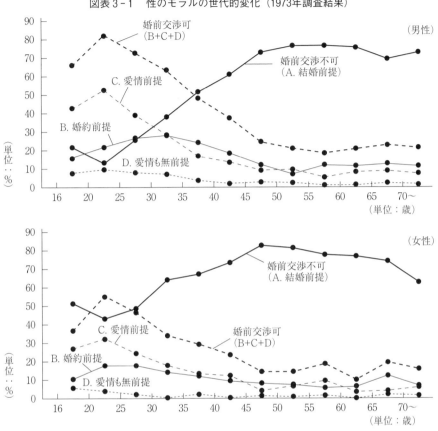

図表3-1　性のモラルの世代的変化（1973年調査結果）

出典）見田（2012）206頁。見田がNHK放送文化研究所の「日本人の意識」調査第一回（1973）から作成。

年齢が、縦軸に婚前交渉に対する考え方についての回答割合が示されています。ここからは、男性よりも女性のほうが、結婚と性の結びつきを重視する傾向にあった（婚前交渉不可である）ことがわかります。ただし男女ともに、20代前半の若い世代で、性的関係を結ぶのに「愛情があればよい」という割合が最も高くなっており、性的関係は結婚を前提とするという価値観が揺らぎ始めていることがわかります。戦後生まれの若い世代では、戦前生まれの世代に比べ

て、愛情が性的関係の重要な前提とみなされ始めています。しかし結婚が軽視されるようになったわけではなく、むしろ一つに結びついた愛と性に結婚というファクターが加わることで、私たちの思う幸せな恋愛像・結婚像が完成していきます。図表3-2を見て下さい。

　先ほどのデータと同時期に恋愛結婚が見合い結婚を上回り、その後はどんどん恋愛結婚の割合が高くなっていったことがわかります。この時を境に、結婚とは愛を前提にして取り結ばれる契約であるということが社会通念化していったといえるでしょう。この二つのデータから得られる知見を総合すれば、この頃に愛と性と結婚の結びつきが当たり前になっていったということがわかります。

　他方で、図表3-2をよく見ると、恋愛結婚の割合が単純に右肩上がりでないことも見て取れます。恋愛結婚の割合は90年代末にはピークに達し、その後は横ばいです。今後どうなるかはわかりませ

図表3-2　恋愛結婚・見合い結婚の構成比

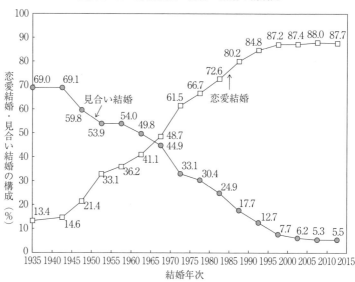

出典）国立社会保障・人口問題研究所（2015）「第15回出生動向基本調査」(http://www.ipss.go.jp/ps-doukou/j/doukou15/gaiyou15html/NFS15G_html06.html) より作成。

んが、戦後ずっと続いてきた恋愛結婚の増加というトレンドが、天井に達し、あるいは逆向きになったということもありえないことではありません。9割弱まで達したのですから、それ以上上がりにくくなったというのは自然ですが、ここに愛と性と結婚の結びつきの限界を見て取ることもできます。

　このことはほかのデータからも読み取れます。たとえば、近年急激に上昇している生涯未婚率です。[1]さらには、異性と交際していないと答える未婚の男女も、実は90年代以降増加し続けており、92年に男性5割弱・女性4割弱だったのが、2015年には男性7割・女性6割弱にまでなっています。[2]これと軌を一にしているように若者の恋愛離れや弱年男性の草食化が語られるようにもなっています。これはどうしたことでしょうか。恋愛結婚が一般化し、性的解放が進んだ現代社会において、未婚者の割合は増加し、交際相手のいない独身者の割合も増加し続けているのです。メディア上において愛と性と結婚の一致が幸せな物語として頻繁に描かれる一方で、そこに背を向け逃げ出す人々が多数出てきているかのように思えます。愛と性と結婚の一致という物語が理想として語られるほど、それが幻想に過ぎないと感じたり、息苦しさを覚えるようになっている人が増えているのかもしれません。

Step 4　ロマンティック・ラブと恋愛の誕生

　そもそも、どのようにして恋愛と性と結婚の三つが一致するものとして捉えられるようになったのでしょうか。社会学ではこのような恋愛観を「ロマンティック・ラブ」と呼んでいます。[3]ロマンティック・ラブとは、恋愛をあらゆる人の経験する特殊で重要な感情とみなし、ロマンティックな愛情によって関係を結び、その上で長期的な関係を築く、そして最終的には結婚するという恋愛関係の捉え方のことです。これは、現代の私たちが普通に「恋愛」と思っているもののことですが、その歴史的な特異性を強調するためにそう呼ぶ

1）生涯未婚率とは50歳の時点で一度も結婚したことのない男女の割合です。「平成27年版厚生労働白書」によれば、戦後から80年代くらいまで、生涯未婚率は男性4%前後、女性2%前後で推移していましたが、その後急上昇し、2015年には男性23.4%・女性14.1%に達しています。（https://www.mhlw.go.jp/wp/hakusyo/kousei/15/backdata/01-01-03-002.html）

2）図表3-2と同じデータ。

3）A.ギデンズは「情熱的恋愛」から「ロマンティックラブ」、そして「ひとつにとけ合う愛」へという恋愛の類型の変化を論じています。興味がある人はギデンズ（1992＝1995）を見て下さい。

のです。私たちが現代日本で普通に使っているロマンスという言葉は、実は歴史的な由来があります。その由来とは、イタリア語やフランス語などのローマ帝国に由来を持つ言語（ロマンス語）で語られた物語、そして特に恋愛物語のことを「ロマン」あるいは「ロマンス」と呼ぶようになったことです。そうした物語（ロマンス）を点検してみると、私たちがよく知る恋愛の物語によく似ている部分もありますが、大きく違っている点もあります。

　たとえばロマンスの最初の典型とされる「トリスタンとイゾルデ」、騎士トリスタンとアイルランド王女イゾルデの間の禁断の愛の物語です。マルク王の家臣であったトリスタンは、アイルランドで暴れ回っていた巨大な竜を倒すことによって、アイルランド王の許しを得、王女イゾルデを主君のもとへ連れて帰ってマルク王妃とします。しかし２人はすでに結ばれ愛し合っており、イゾルデの結婚後もマルク王の目を盗んで密会しますが、やがて気付かれ、逃避行へと追い込まれます。このような物語は、フランスでトルバドゥールと呼ばれた吟遊詩人たちによってさまざまな宮廷で歌い上げられ、流布されました。そうして、ロマンスという言葉が現代で持っているロマンティックなニュアンスが作られていったのです。

　この物語は現代で見聞きする恋愛物語につながるような要素をたくさん持っています。たとえば、劇的な出会い、２人の愛の成就を妨げる苦難、悲劇的な逃避行などです。竜を倒す勇士と姫君の恋物語というのも、おとぎ話やディズニー映画で繰り返し目にするものです。ただし大きく違う点もあります。それは不倫という要素です。これは、現代ではむしろロマンス、あるいはロマンティックな物語に典型的なものとはいえないでしょう。それはむしろドロドロしたイメージを持つものであり、純粋さとは程遠い何かとして捉えられ、そうである以上は、ロマンティック・ラブという純粋な愛にそぐわないものと感じられるでしょう。

　ところが、もともとのロマンスである中世の宮廷恋愛物語にとって、この不倫という要素は相当重要なものであり、例外的なもので

はなくむしろ典型的なものであったようです[4]。中世に安定期に入っ
た封建制度の下では、結婚相手は親族関係の中で決められ、地位の
高い者にとって婚姻関係は政略的な性格を強く持っていました。婚
姻関係は、有力者たちの間の結びつきを強めたり、それまでなかった
つながりを作り出したりするために行われました。それは、個人の
感情を考慮しない、年長者による決定であり、情熱的な恋愛感情や
強い性的衝動は重要ではありませんでした。そして、このような形
で婚姻関係を結んだ城主の奥方は若い騎士たちに取り囲まれ、宮廷
的な世界が形成されていました。そこで、仕えるべき存在でありな
おかつ守るべき存在である奥方への恋慕が理想的なファンタジーと
なっていったことは想像に難くありません。こうした状況を念頭に
置くならば、トルバトゥールによって歌い上げられるロマンスが、
若い騎士が自分より身分の高い奥方に愛を捧げるという「不倫愛」
についてのものだったというのは何の不思議もないことでしょう。

　現在の私たちの恋愛観からすれば、ロマンティック・ラブの原型
が不倫物語によって育まれていたというのは意外なことでしょう。
ですが、おそらくそれは、愛と性と結婚の一致を私たちが恋愛を考
える際の前提にしているからです。だからこそ、不倫の物語は純粋
なものではなく、「ドロドロとした」というようなイメージで捉え
られるのです。ところが、上で説明したような世界から見れば、見
方は逆になるかもしれません。

　やがてこうした恋愛の理想は、キリスト教的な結婚道徳と合体
し、結婚をゴールとする恋愛物語が生じますが、これは歴史の皮肉
としかいえないでしょう。結婚という制度の枠組みの外にしか存在
しえなかったものが、その中にピッタリとはめ込まれるようになっ
たのですから。

Step 5　異性愛だけが普通？

　ここまでの議論では特に問題とせずに前提としてきたことがあり

ます。人によっては気づいたかもしれませんが、違和感を覚えない人も多かったでしょう。その前提とは「異性愛」です。つまりここまでは、愛と性と結婚の一致も、恋愛の誕生も、異性愛での関係を前提として話を進めてきているのです。もしかするとそんなことは当たり前じゃないかと思う人もいるかしませんが、歴史を振り返ったり、ほかの社会のあり方を知ったりすれば、そうではないことがわかります。ロマンティック・ラブが中世に起源を持ち、近代社会において普及した歴史的に特異なものであるのならば、異性愛のみを当然視し、同性愛を通常の恋愛から排除するような見方も、近代西洋に一般化した歴史的に特異なものなのです。

　ところで、ここまでプラトニック・ラブという言葉を何度か使いましたが、その語源が古代ギリシャの哲学者プラトンにあることは知っているでしょうか。プラトンは大いに愛について語った哲学者であり、プラトンが精神的な愛を肉体的な愛の上位に置いたことが、プラトニック・ラブという言葉の起源です。プラトンが古代ギリシャのさまざまな哲学者に仮託して愛について語った『饗宴』という著作がありますが、その中で語られている愛の重要な部分を占めるのが「少年愛」、すなわち大人の男性と少年の間の愛です。『饗宴』の中でも有名なエピソードが、アリストファネスの語る古代人についての話です。それによれば、古代人は人間２人が一体になっており、男と女の二種類ではなく、男男・女女・男女の三種類がいました。この古代人はあまりにも力を持ち過ぎたため、神々の怒りを買い、真っ二つに割られました。その結果生まれた人間は、かつての半身を求めるようになり、男男であったものは男を、女女であったものは女を、男女であったものはその後の性別に従って男か女を求めるようになったのです。この話の中で興味深いのは、同性愛が当然の愛の姿として描かれていることだけでなく、かつての男女（現在の異性愛者）は男好き／女好きな姦夫／姦婦を生じさせる原因であるかのように語られていることです。これはかなり奇妙な神話に思えるかもしれませんが、当時のギリシャの人々の嗜好や価値

観を一定程度反映したものでしょう。

　このことからもわかるように、古代ギリシャでは同性愛はいたって普通であるどころか、むしろ高貴な種類の愛であったのです。これは古代ギリシャが戦士共同体であったことと関係しているといわれており、実際ほかの戦士社会でも同性愛は一般的に見られるものです。たとえば日本でも、戦国武将は小姓と呼ばれるお側付きの少年を置いていたことが良く知られていますし、戦国から江戸初期にかけての武士は、男同士の性愛関係を衆道と呼んで尊んでいました。[5]

5）氏家（1995）。

　これに対して、現在の私たちの社会では、同性愛と異性愛は、まるで相容れない、対立する愛情の種類と捉えられています。あるいは、「同性愛者」は「異性愛者」とは違ったカテゴリーに属する人間として捉えられているといってもいいかもしれません。しかし、そうではない社会も存在します。たとえばニューギニアのザンビア族です。[6]ザンビア社会では、女性性が自然に発達するものだとされている一方で、男性性は自然には育たないものだとされています。赤ちゃんは母乳を飲み、母親をはじめとする女性たちによって育てられるので、女性性は自然に育ち、女性は放っておいても女性になります。これとは逆に、男性は女性たちに囲まれて育つので、放っておくと男性になることができません。大人の男性になるためには二段階の儀礼が必要です。まずは女性性という「ケガレ」を取り除く浄化の儀礼を行い、次に男性性を獲得する儀礼が行われます。

6）この後の議論は、G. ハート（1998＝2002）に基づく。浜本・浜本共編（1994）の第三章も参照。

　この第二段階の儀礼で重要なのが、男性の精液です。ザンビアでは精液は男性性そのものだとみなされています。しかも男性性は一定の割合しか存在せず、自分の体内で作り出すことのできないものと考えられています。それゆえ、少年は、すでに男性性（精液）を体内に有している大人の男性からそれを分け与えられなければならないのです。ザンビアの少年は、一定の年齢になると女性から切り離されて大人の男性との集団生活に入り、その中で大人の男性と性的行為を行うことで、精液を受け取り、男性性を体の中に充満させ

てはじめて大人の男性になることができるというのです。つまり少年は、大人の男になるための通過儀礼の一環として、大人の男性と同性愛的関係を結ばなければならないのです。その後成長した少年は、15歳前後で精液の与え手となり、結婚し父親となると少年と性的関係を結ぶことをきっぱりとやめるといいます。いわば同性愛から異性愛へと変化するわけです。

このように、ザンビア社会では、あらゆる男性がライフサイクルの中で同性愛的行為を行うため、それはどこまでも「ノーマル」なものです。そして、ザンビアには私たちが考えるような特別なカテゴリーとしての「同性愛者」や「同性愛」は存在していません。このことをよく示しているのが、ザンビア社会を研究したゲイの人類学者ハートの語るエピソードです。彼は、フィールドワーク中に度々ザンビア人から「なぜいい年をしているのに結婚して子どもを作らないのか？」ときかれたといいます。それに対して、「私はゲイだから」ということを説明しても、ザンビアにはそもそも「ゲイ」や「同性愛者」にあたる言葉がなかったため、理解されなかったといいます[7]。つまり、ザンビアでは、あらゆる男性がノーマルなものとして同性愛を経験し、そのため異性愛や異性愛者と区別するものとしての同性愛というカテゴリーが存在していないのです。

このようなザンビアでの性愛のあり方を鏡にすれば、私たちの社会での同性愛に対する捉え方、そしてそれを含んだ恋愛の見方がどういうものなのかよくわかります。私たちの社会では、同性愛的な行為をするのは同性愛者というマイノリティだけであり、マジョリティである異性愛者はそうした行為を行わないと考えられています。マイノリティであるがゆえに同性愛者たちは排斥されてきた歴史を持ち、それに対して同性愛者たちは自分たちの権利を訴える運動を起こしてきました。現在ではLGBT[8]という言葉をよく聞くように、こうした社会運動の成果はめざましいものですが、そうした運動が強力に推進されなければならなかったということ自体が、同性愛のカテゴリー化とそれに基づく排除の強さを物語っています。

7）ハート（1998 =2002）。

8）LGBT とはレズビアン・ゲイ・バイセクシャル・トランスセクシャルの頭文字を取ってつなげた言葉で、異性愛とは異なったセクシャリティを持つことを意味します。

このように異性愛を同性愛とは違うものとしてカテゴリー化し、その排斥の上に異性愛を前提とした恋愛の物語が流布し、異性愛をノーマルなものとして捉えてきたのが近代の恋愛観だといえるでしょう。

Step 6　自分でやってみよう！

　最近流行した恋愛の物語（映画、ドラマ、漫画、小説など）をいくつか取り上げ、それらがどれくらい古典的な「幸せな恋愛」像に合致していて、どれくらい外れているのか考えてみましょう。

【参考文献】
氏家幹人（1995）『武士道とエロス』講談社現代新書
アンソニー・ギデンズ（1992＝1995）『親密性の変容——近代社会におけるセクシュアリティ、愛情、エロティシズム』松尾精文・松川昭子訳、而立書房
ギルバート・ハート（1998＝2002）『同性愛のカルチャー研究』黒柳俊恭・塩野美奈訳、現代書館
浜本満・浜本まり子共編（1994）『人類学のコモンセンス——文化人類学入門』学術図書出版
プラトン（2008）『饗宴』久保勉訳、岩波文庫
水野尚（2006）『恋愛の誕生——12世紀フランス文学散歩』京都大学学術出版会
見田宗介（2012）『見田宗介著作集第5巻』岩波書店

4章

就　　職

▷関連章
　2章

■キーコンセプト
　アクター、意図せざる結果、システム（就職システム）、ネットワーク

Step 1　大学に進学するのはなぜ？

　現代の日本では、義務教育修了後もほとんどの人が進学します。中学校を卒業した人の95% が高等学校等に進学し、高校卒業後も55% の人が 4 年制大学や短期大学に進学します。専門学校や高等専門学校も加えると、80% を超える人が高等教育機関に進学しています。話を単純にするために、以下では大学に話を絞ります。[1]

　なぜ多くの人が大学に進学するのでしょうか。さまざまな理由があるでしょうが、大卒の学歴が就職に有利だから、というのは多くの人に共通する思いでしょう。就きたい職業が具体的に決まっていなくても、大学に行かないと就職で不利になると、なんとなく感じている人は多いと思います。

　大学の側も学生の就職に強い関心を持っています。多くの大学には、就職支援課やキャリアセンターといった名前の就職支援の部署があります。キャリア教育と呼ばれる取り組みや科目もあり、企業でのインターンシップも実施されています。大学だけではありません。インターネットの普及とともに就職情報サイトもすっかり見慣れたものになりました。合同説明会や就職セミナー、就職のマニュアル本なども同様です。就職は、学生の個人的な問題というより、いまや多くの人や組織が関わる一大イベントの趣があります。

1）学校や教育に関する基本的なデータは、文部科学省が刊行している『文部科学白書』や、同じく文部科学省が行っている「学校基本調査」（https://www.mext.go.jp/b_menu/toukei/chousa01/kihon/1267995.htm）から知ることができます。

38

　ここでは、こうした就職の世界を少し覗いてみたいと思います。

Step 2　考えてみよう！

> 【質問】あなたが就職活動するときに、どのような人や組織と関わることになると思いますか？　思いつく限りノートにメモをして下さい。

> 【アイデア交換】質問でノートに書いた話題をグループの人と共有してみましょう。

Step 3　就職に関与するアクター

　現代の大学生の就職には多くの人や組織が関わっています。それらをここでは、アクター（行為者）[2]と呼んでおきます。代表的なものとして、学生以外には、大学、就活産業、企業などが挙げられます。それぞれのアクターは、具体的にどのようなことを行っているでしょうか。

　まず大学は、学生を就職のプロセスに乗せる上で最も直接的な形で関与しています。早い段階からキャリア教育や就職支援を通じて学生に働きかけ、就職のプロセスにスムーズに向かわせようとします。大学がこの働きかけに熱心なのは、学生のことを思ってのことであったり、後述する省庁の指導があるためだったりしますが、就職率を宣伝材料とみなしているためでもあります。志願者数をめぐる大学間の競争の中にある各大学は、就職率を上げることで、受験者に対するみずからの魅力を上げようとします。学生は、大学以外にも、就職情報サイトや説明会、インターンなどを通じて各企業に

2）「アクター」は、行為者や役者を意味する言葉であり、行為（アクション）する存在を指します。何をアクターとみなすかにはいくつかの立場がありますが、社会学では、行為が、各アクターによって生み出されているだけではなく、それぞれのアクターの置かれている状況に影響されていると考えます。そうした状況を指す概念として「社会構造」「文化」「ハビトゥス」「ネットワーク」などがあります。これらの概念について調べてみて下さい。

アクセスしていきます。就職情報サイトや説明会、就職セミナーを運営するリクルートなどの就活産業は、学生と企業をつなぎます。学生を採用したい企業は、掲載料を払って就職情報サイトに情報を出したり合同説明会に出展することで、より多くの学生に自社の情報に触れてもらおうとします。

　学生からは見えにくいですが、就職には省庁も関わっています。文部科学省や厚生労働省といった省庁は、大学にキャリア教育や就職支援を充実するように、という方針を示します。これらの省庁も、予算の配分をめぐる省庁間の競争を意識して、若年層の雇用状況の改善や教育改革に熱心です。これらの省庁は、大学に対する評価や交付金にキャリア教育や就職支援に関する項目を設けることで、各大学を誘導します。

　学生の家族は、就職活動をする学生を、応援したり見守ったりします。学生たちは家族に助けられもしますが、ときにはプレッシャーを受けたりします。友人は、就職活動にともに参加する仲間として、お互いの助けになると同時に競争相手にもなります。就職活動に興味がなかった学生が、友人が就職活動を始めたことで不安になって自分も始めることもあるでしょうし、友人は就職が決まったのに自分は決まらない、と落ち込むこともあります。

　以上は、就職に関わる主なアクターのごく簡単な記述であり、多くのアクターや側面が省略されています。ですがこうした簡単な記述からも、現代の大学生の就職に多くのアクターが関わっていることがわかります。現代の大学生の就職活動は、これらのアクターが織りなすネットワークの中で行われています。

　こうしたネットワークは、学生の力を増幅したり保護したりしている面があります。たとえば海外の多くの国では、企業が同時期に新卒生を採用する新卒一括採用の仕組みはなく、ある職務で欠員があるたびに採用を行うケースが多いといわれます。加えて、就職を後押しする大学の取り組みや就職産業が、日本のようには充実していない国が大半です。そうなると学生は、基本的に自分で就職先を

見つけなければなりません。その場合、自分で企業にアプローチすることももちろん大事ですが、知り合いの力を借りることも必要になるでしょう。しかしコネ（縁故関係）はしばしば不平等に配分されています。これに対し、現在の日本の就職では、コネの効果は低下します。コネは無くならないにしても、生まれた家庭のような、個々人の能力とは無関係な事情に由来する不平等を、それなりに緩和する機能を持っています。

　大学に入学すれば、こうした就職のネットワークに組み込まれ、就職のプロセスが開始されます。学生にとってこのプロセスは、たとえて言えば、全員参加型のゲームのようなものです。このゲームを前にした学生の反応はさまざまでしょう。まさにゲームをやるようにうまく乗っていく人、がんばってもなかなかうまくいかない人、乗り気ではなく仕方なくやっている人、どうしても乗る気になれない人などです。そうしたさまざまな学生に対し、各アクターはそれぞれの立場から、より多くの学生が就職というゴールに到達できるよう働きかけます。学生にとって就職が持つ重みを考えれば、ゲームというより、かつていわれた受験戦争のように、就職戦争と言った方が適切なのかもしれません。

　学生自身を含め、就職に関わる諸アクターのネットワークは、学生の就職という目的に向かって進む、まとまりを持った一つの集合体であるかのように作動します。こうした諸アクターのまとまりを、以下では就職システムと呼ぶことにします。³⁾

Step 4　就職システムの意図せざる結果

　大学生は、就職システムの中で起こる一つひとつの出来事に一喜一憂しがちです。ときには、就職システムの内側の世界が、就職のすべてだと思うことがあります。ですが視点を変えてみれば、目の前の光景が違って見えてきます。ここでは学生を取り巻く就職システムから距離を取り、少し視野を広げてみたいと思います。

3）システムという言葉は、日常的にも使われますが、さまざまな学問でもよく用いられる概念です。社会学でもシステム概念をめぐって専門的な議論がありますが、ここでは、複数のアクターがお互いに影響を及ぼし合いながら全体として一つのまとまりを作り上げている様子を指し示す言葉として用います。

　日本の大学教育の中で、就職に特化した教育は、長い間、周縁的なものでした。職業に関わる教育は、新入社員に対して企業がOJT（オンザジョブトレーニング：仕事で必要な知識や技術を現場で習得させること）の形で行うのが一般的でした。

　様子が変わり始めるのは、1990年代からです。これには大きく二つの背景があります。一つは、1990年にバブル景気が崩壊したことです。これ以降、企業は不況を理由に、新入社員の育成に手間をかけなくなり、即戦力を求めるようになっていきます。もう一つは、1991年に文部省（現在の文部科学省）が、大学に関する規制を大幅に緩和したことです。[4)]その結果、大学の数や大学に進学する人の数が急激に増えていきます。1990年頃には25％ほどだった4年制大学への進学率は、2010年には50％を超えます。また学部の名前やカリキュラム（教育内容）も、各大学がかなり自由に組み立てられるようになります。これらの条件が合わさるところに、多くの大学が、即戦力を求める企業の要請に応えようと、就職支援やキャリア教育を大学教育の中心に組み込み始めます。Step 3 で触れた諸アクターのネットワークが形成され始めるのもこの頃です。

　こうした流れは2000年代に入ってさらに加速します。背景として、1990年代からの景気低迷が長期化していったことが挙げられます。図表4−1が示すように、正規雇用の数が徐々に減り、有期労働者（臨時雇用）やパートタイマー、派遣労働者、請負労働者などの非正規雇用が劇的に増えていきました。のちに「就職氷河期」と呼ばれることになるこの就職難は、短期では終わらず、10年、20年と続いていきました。やがてこの不況は、単なる不況ではなく、「グローバル化」という言葉で説明されるようになります。ここでいう「グローバル化」とは、国境を越えた人・モノ・情報・資本の移動がこれまでよりも活発になり、競争が国を越えて激しくなっていくというイメージです。就職難は「グローバル化」の結果として引き起こされている、という新しい解釈に基づいて、2000年代に大学でのキャリア教育や就職支援の一層の充実が、文部科学省や経済

4）具体的には1991年の大学設置基準の改正を指します。これを「大学設置基準の大綱化」と呼びます。この時期の大学の変化については天野（2013）や広田ほか編（2013〜2014）、吉見（2011）を参照のこと。

図表 4 - 1　正規雇用者と非正規雇用者の推移

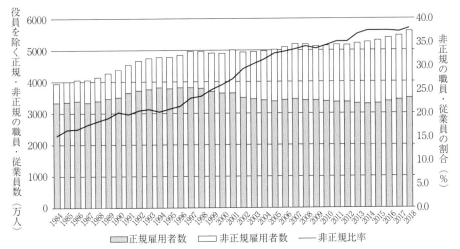

出典）1984〜2001年までは総務省「労働力調査　長期時系列データ　表 9（1）」（2 月調査）、2002年以降は同データ表10（1）
　　　の（年平均）（https://www.stat.go.jp/data/roudou/longtime/03roudou.html）に基づき作成。

産業省を中心に図られていきます。[5] 国際競争が激化する「グローバ
ル化」時代を生き抜いていくために、高度な専門的能力を持った人
材や自立的に人生を切り開いていける人材を育成するのが大学の役
割だとされました。この見通しのもと、大学をはじめとする就職に
関わる諸アクターのネットワークが、システムとしてのまとまりを
示すようになっていきます。「キャリア」や「社会人基礎力」、「イ
ンターン」や「グローバル人材」といった言葉をよく耳にするよう
になるのも、この頃からです。[6]

　就職システムが形成されてきたことの効果として、Step 3 では学
生の力の増幅や保護を挙げました。ここでは少し違った観点から、
就職システムに見られる別の傾向を指摘しておきます。

　大学をはじめとする就職システムは、グローバル化時代に対応す
るというかけ声のもと、さまざまな新しい試みを行ってきました。[7]
ただし、新しい試みといえば聞こえはいいですが、それがいつも効
果的なわけではありません。目の前の短期的な利益を求めて広く長

5）具体的には、
2000年の大学審議
会の答申「グロー
バル化時代に求め
られる高等教育の
在り方について」、
文部科学省による
「若者自立・挑戦
プラン」（2003）
や「職業指導（キャ
リアガイダンス）」
（2008）に関する
提言、経済産業省
による「社会人基
礎力」などが挙げ
られます。注 4 で
挙げた文献を参照
のこと。

6）たとえば「グローバル人材」に関する研究として、加藤・久木元（2016）や、神谷・丹羽（2018）などがあります。

7）就職システムは、たいてい学生のみに働きかけます。しかし就職は景気などさまざまな要因に左右されます。ならば就職システムは景気や労働環境の改善を世論や政府に訴えてもいいはずです。ですが、就職システムを構成するアクターは、そうした働きかけをあまりしません。

期的な思考が失われれば、結果的により大きな利益が損なわれたりします。就職システムにもそうした傾向が見られるように思えます。グローバル化時代に対応する、という大義名分を掲げる就職システムですが、実際の作動は、人材をじっくり育てるよりも、とにかく卒業時の就職率を上げることに傾きがちです。

たとえば就職システムの発展に伴って、エントリーシートや自己分析、SPIといったさまざまな装置が導入され、学生にはそうした技術の習得が次々と求められてきました。やがて学生がスキルアップすべき項目は、さらに細かな能力に向かっていきます。お辞儀の仕方やSNSの使い方、笑顔の作り方や化粧の仕方など、求められるスキルには際限がありません。ときには、短時間で向上するはずのない能力を、あたかも向上したかのように見せる能力を、学生に身につけさせるといったことすら起こります。

そうした技術の習得が、果たして高度な専門的能力を持った人材や自立的に人生を切り開いていける人材の育成につながるのか、かなり疑問です。しかし、たとえ本来の大義名分から逸脱していっても、いったん動き始めた就職システムの各アクターは、学生に対する働きかけをそう簡単には止められません。自分だけが学生に対する働きかけを止めると、就職システムを構成するアクターの中での自分の立場が危うくなるからです。

同じことを学生の側から見れば次のようにいえます。さまざまな装置が導入されていくのに従って、個々の学生の能力は、エントリーシートをうまく書ける能力やSPIでより高い得点を取れる能力、見栄えのいいプレゼンができる能力といった具合に、操作可能な種々の変数に分割されていきます。受験では学生が試験の点数の集合体とみなされますが、それと同じように、就職システムの中の学生は、これらの変数の集合体として捉えられます。ここに、これらの変数をどれだけレベルアップさせるかによって就職での成否が決まる、というストーリーができあがります。そうした変数をレベルアップさせないと就職できないリスクが高まる、というストー

リーです。そうした学生の能力の細分化は、先に述べたように終わりがありません。しかし、こうした状況に疑問を持つ学生はあまり多くはありません。先に見たように、学生から見える就職の光景は、全員参加型のゲームないし就職戦争です。学生はこのゲームの主役ですが、ゲームの妥当性を問うこと、たとえば大学や就職ビジネスや省庁による自分への働きかけの妥当性を問うことは、ゲームの勝利条件ではありません。だから学生自身は、まるでRPG（ロール・プレイング・ゲーム）のように、自分をそうした能力の集合体とみなして、それらの向上に努めることで、就職というゲームの勝率を高めようとします。たとえ就職システムの中で要求されることに疑問があっても、システムの一要素として、多くの学生が自分自身に働きかけてさまざまなスキルアップに努めるしかありません。

　就職システムの一要素となった多くの学生が、みずから進んでシステムに自分自身を従わせる、という現象は、M. フーコーが「自己規律化」[8]と呼んだ現象に似ています。フーコーによれば、近代以前には強大な少数の支配者が多数の人々を支配する、支配者－被支配者関係が一般的でした。強制する権力です。しかし近代になって一般の人たちが世の中の主役になると、支配者による直接的な強制がなくても、特定のルールに沿って人々が自分で自分自身を管理する新しい権力のあり方が広がっていきます。こうした近代的な権力のあり方をフーコーは「自己規律化」と呼びました。就職システムに見られるのも、単純に、権力を有した人間が権力を持たない人々に何かを強制する、支配者－被支配者関係ではありません。学生自身もまた、就職システムの一要素として、みずから進んで自分自身をシステムに従わせます。

　ですが、あらためて考えてみると、就職システムは、予測が不可能なグローバル化の時代ではこれまでのキャリアモデルは手本にならない、というかけ声のもとで劇的に発展してきたはずです。そうした就職システムは、不安定な時代を生きる学生に対して、全員が同じ就職のプロセスに乗ってさまざまな変数のレベルアップを競い

8）フーコーの『監獄の誕生』（1975＝1977）は、タイトルが示すように、近代における犯罪に対する処罰の変化に注目して、権力のあり方の変化を指摘しました。フーコーは、近代的な権力のあり方、つまり、監視のまなざしを内面化した人々が自分自身を律するような権力のあり方が、学校、工場、軍隊、病院など、さまざまな場所で見られるようになると考えました。

合う、というストーリーを提供してきました。しかし企業が欲していたり大学が育てたいと思っていたのは、本当にそうした筋書きに素直に従ってうまく泳いでいける、就職ゲームないし就職戦争に長けた学生なのでしょうか。国際的に活躍できる人材や自立的な能力を持った人材、「グローバル人材」や「社会人基礎力」といった言葉で求められている人物像とは、かなりギャップがあるように思われます。

　ここに見られるのは、就職システムが本来の意図したものとは違った結果を生み出しかねないという現象、つまり就職システムの「意図せざる結果」です。[9]

Step 5　就職と研究

　冒頭の話に戻りましょう。就職で有利になるように大学に行くという考え方は、十分に筋の通る話です。せっかく大学に行くのですから、大学で身につけた能力がその後の仕事で生かせればすばらしいことでしょう。しかし就職ゲームで要求される諸能力だけが、大学で身につけるべきものではありません。大学は他のさまざまな可能性にも開かれています。そうした経験にはサークルやバイトなども含まれますが、ここでは特に大学ならではの、研究という経験について触れておきます。

　学校は勉強のための場所だとされますが、高校までと比べると大学は、単なる勉強というより研究をする場所という性格を持っています。研究というと、一部の専門家だけがやることのように思われます。しかしそうではありません。研究とは、自分にとって関心ある事柄を見つけて、学問的な技法を使ってデータを集め、調べたことに基づいて自分で考え、考えたことを他人に伝える作業です。[10]こうした作業は、仕事を含めたさまざまな局面で役立ちます。特に先を見通すことが難しいと言われる時代には、欠かすことができない能力です。

9）J. Z. ミュラー（2018＝2019）によれば、就職システムに関して述べてきたのと似たような現象が、多くの他の領域でも見られます。大学・学校・医療・福祉・警察・軍隊・対外援助などは、最近までは市場の外にある組織として、経験に基づく専門家の判断が重視されてきました。しかし近年、これらの組織にも数値に基づくパフォーマンス評価が浸透しています。その結果、測定基準にばかり目がいって測定されないより重要な諸側面が無視されたり、経験の乏しいメンバーが増えて組織の機能が低下する、といった問題が生じているとミュラーは指摘します。

10）研究については、上田・栃澤（2014）や景山（2014）も参照して下さい。

　研究する能力を伸ばす上で大事なのは、何よりもまず、自分にとって関心ある事柄や素材を見つけることです。関心のある事柄というと難しいかもしれません。自分にとって関心のある事柄を見つけようとしているつもりでも、つい、教員や他の学生がどう思うかを判断の基準にしてしまいがちです。ですが、他人の評価を基準に研究課題を選ぶと、たいして興味がない対象を選んでしまいがちです。その結果、それについて調べるといっても、ネットから適当に情報を引っ張ってくる程度になったり、自分で考えるといっても、どこかで聞いたようなありきたりな話をして終わりになりがちです。自分の関心を見つけ出すには、あまり他人の目を気にすることなく、自分で調べたり考えたりしていて飽きにくい事柄を探し出すのがいいでしょう。

　関心ある事柄を見つけるのと同じぐらい大事なのが、それについて自分の頭で考えることです。ただし、自分の頭で考えるといっても、考えるための素材がまったくなければ、ただの思いつき以上にはなりません。自分の頭で考えるには、対象についてのデータが不可欠です。ネットを見て情報を集めることも大事ですが、そんな誰でもすぐ手に入れられる情報では不十分です。やはり自分でデータを集める必要があります。社会学には、そうしたデータを集めるためのさまざまな方法があります。[11] 対象についてよく知っている人に話を聞くインタビュー調査、自分で現場に足を運んでデータを集めてくる参与観察、対象の特徴を数量に変換する計量調査、書物や文書をデータとする文献調査などです。どれか一つが正解というわけではありません。人には向き不向きがありますので、自分に向いた方法で情報を集めるのが得策です。また、せっかく自分で調べてデータを集めても、データをもとにして考えていくための技術がなければ、宝の持ち腐れです。社会学をはじめ、すべての学問分野には、それぞれの分野に固有の、ものの考え方が蓄積されています。また各学問分野に特有の考え方だけでなく、歴史や文学や科学といったいわゆる一般教養も、自分の頭で考えるためには必要です。

11）社会学の調査方法については、前田・秋谷・朴・木下（2016）や、佐藤（2006）、盛山（2004）を参照のこと。

必要なデータを自分で集めて、必要な知識を自由に引き出しながら、関心ある事柄についての謎や疑問を解き明かしていくことが、ここでいう自分の頭で考えるということです。

　最後に、他人の研究を聞いて学んでいくのも、大学という場所ならではの経験です。自分にとってあまり関心のないことに耳を傾ける能力は、自分にとって関心のあることを研究する能力以上に、身につけるのが難しい技術です。関心がないという自分の思い込みをいったん緩め、自分の関心と相手の関心の間に接点を見つけていく必要があります。また他人の話を聞いていると、つい相手の弱点を突くような意見を言ったり、相手の揚げ足を取る質問をしたりして自分は頭がいいのだとアピールしたくなりがちです。そんな質問やコメントではなく、さまざまな事柄に関心を持ち、相手の議論は議論として素直に耳を傾け、その上で相手の研究をさらに展開させるような生産的な質問やコメントができる能力は、それなりの訓練が必要な能力であるだけに、大学卒業後にも役立つ、とても貴重な能力になるでしょう。[12]

　こうした研究のための訓練をする機会が、大学にはたくさんあります。ゼミや卒業論文、講義などです。たとえ組織としての大学がそうした機会を適切に提供していなくても、個々の教員に聞けばいろいろなことを教えてくれるはずです。それすらない場合でも、大学には自分で研究するための時間と資源があります。就職のゲームをうまくこなして就職先を決めることは、たしかに大事なことでしょうが、卒業時に就職が決まっていればその人のキャリアは終わり、というわけではありません。[13] その先もキャリアは続きます。卒業後も続いていくキャリアの中で、大学で身につけた研究の能力は、ますます重要になることはあっても不要になることはありません。長いキャリアの中では、自分が組み込まれているシステムから降りることも必要になるかもしれませんし、新しくシステムを作り出していくことも必要になるかもしれません。そうしたときにも研究の能力はきっと役に立ってくれるはずです。

12）内田（1985）は、ここで研究について述べたことと重なる考察を、さらに詳細に展開してくれています。一度手に取ってみて下さい。

13）「キャリア」という言葉は、職業に限定されず、職業を含めた人生のすべてを包括する概念だといわれます（文部科学省「キャリア教育推進の手引」http://www.mext.go.jp/a_menu/shotou/career/070815/all.pdf）。ですが、就職システムの実際の現場では、就職や職業という限定された意味で用いられがちです。

　さて、いま大学にいるみなさんは、そこでの時間をどのように過ごしたいでしょうか。

Step 6　自分でやってみよう！

　大学でどのようなことを研究してみたいか、特に現在自分にとって関心のある事柄について考えてみて下さい。

【参考文献】

天野郁夫（2013）『大学改革を問い直す』慶応義塾大学出版会

上田達・栃澤健史（2014）「調べる――社会学／人類学の歩き方」内海博文編『現代社会を学ぶ――社会の再想像＝再創造のために』ミネルヴァ書房

内田義彦（1985）『読書と社会科学』岩波新書

景山佳代子（2014）「表現する――解放への格闘と創造の悦び」内海博文編『現代社会を学ぶ――社会の再想像＝再創造のために』ミネルヴァ書房

加藤恵津子・久木元真吾（2016）『グローバル人材とは誰か――若者の海外経験の意味を問う』青弓社

神谷浩夫・丹羽孝仁（2018）『若者たちの海外就職――「グローバル人材」の現在』ナカニシヤ出版

佐藤郁哉（2006）『フィールドワーク――書を持って街へ出よう』新曜社

広田照幸ほか編（2013〜2014）『シリーズ・大学』全7巻、岩波書店

ミシェル・フーコー（1975＝1977）『監獄の誕生――監視と処罰』田村俶訳、新潮社

前田拓也・秋谷直矩・朴沙羅・木下衆（2016）『最強の社会調査入門』ナカニシヤ出版

ジェリー・Z・ミュラー（2018＝2019）『測りすぎ――なぜパフォーマンス評価は失敗するのか？』松本裕訳、みすず書房

盛山和夫（2004）『社会調査法入門』有斐閣

吉見俊哉（2011）『大学とは何か』岩波新書

5章

結　　　婚

▷関連章
　3章
　6章
　7章

■キーコンセプト
近代家族、常識、性別役割分業、日本型福祉、レリヴァンス

Step 1　「結婚」って、何？

　みなさんは、「結婚」と聞いて、どんなことを連想しますか？深い愛情で結ばれたカップルでしょうか。あるいはそこから作られる温かい家庭の様子でしょうか。または、どこかの結婚情報誌に載っていそうな結婚式をイメージするかもしれません。

　では、みなさんは「結婚」について何を知っていますか？　婚姻届を出さなくてはいけないことは知っていますね。それでは結婚すると元の戸籍はどうなるでしょう。現在の日本では、夫婦は同じ姓を名乗るように定められていますが、女性の何割が男性の姓に変えているでしょうか。また結婚に伴って、法的にはさまざまな義務と権利が生じますが、それをいくつくらい挙げることができますか。

　結婚は、するにせよ、しないにせよ、一人ひとりのライフコースにとって大きな選択です。みなさんも「いつ結婚するのかな」「結婚するなら相手はどんな人かな」など、ぼんやりと考えたことがあるかもしれません。しかし、そもそも結婚って、何でしょうか。なぜ結婚するのでしょうか。同棲や事実婚ではだめなのでしょうか。あらためて考えると、いろいろよく分からないことが出てきます。本章では、結婚に関する一般的なイメージや価値観、そしてその背景も含めて、社会学的に掘り下げて考えていきます。

Step 2　考えてみよう！

【質問】下の図は、いわゆる婚活サイトを模したプロフィールです。この6人は、それぞれどのような相手を「理想の相手」だと考えているでしょうか。自由に想像してみて下さい。

【アイデア交換】この6人が、婚活パーティで出会ったとします。ぜひ特定の人物になりきって、その人の視点から、誰と結婚したいと思うか（あるいはしたくないと思うか）、なぜそう思うのか、具体的に会話をしてみましょう。

木下達也（31）
プログラマー
年収390万
親と同居し結婚後も同居を
希望。

鈴木涼介（25）
コンビニ店員（アルバイト）
年収190万
趣味の音楽活動を優先するため、現在就職活動はしていない。

山之内貴（46）
医者
年収3100万
2回離婚経験あり、妻には自分との間に子どもを産んで専業主婦になって欲しい。

君島杏奈（28）
外資系コンサルタント
年収1300万
出張が多く、長期海外赴任の可能性も高い。

吉川萌（32）
事務系派遣社員
年収270万
料理が得意でブログのフォロワー多数。

井上祥子（40）
公務員
年収620万
経済的自立のために仕事は定年まで続けたい、小学2年生の子を持つシングルマザー。

Step 3　結婚は「しんどい幸せ」？

　いかがでしたか？　今みなさんには、架空の人物の視点から「理想の相手」について語ってもらいました。限られた情報しかないために、それ以外の点をすべて空想で埋めなければならないという難しさはあったと思いますが、しかし多くの人が、当の人物の好みの相手がどのような人であるかを想像して語ることができたのではないでしょうか。そしてそれを聞いた人たちは、程度の差こそあれ、「ああ、ありそうだね」と共感し合えたのではないかと思います。

　さて、しかしこれはちょっと不思議なことではないでしょうか。というのも、理想の相手というものが、純粋に個人の好みの問題なのだとすれば、そもそも第三者の立場からシミュレーションをすることなどできないはずだからです。しかし私たちはどこかで、「これくらいの年齢の、こういう職業の、こういう年収の人は、こういう相手と結ばれやすいに違いない」（あるいは逆に、「この条件では結婚は難しいに違いない」）という社会通念を持っています。だからこそ、先のようなシミュレーションが可能になったわけですし、その前提から外れるカップルを想像したとき、なんとなく「そぐわない感じ」を抱くのでしょう。

　Step 2の作業は、他愛のないロールプレイングに過ぎません。しかし、あらためて考えてみると、そこでは非常に多くの、結婚にまつわる先入観が前提として働いていたことがわかります。大事なのは、それがあなたの個人的な思い込みに過ぎないのではなく、多かれ少なかれ、世間の常識をあなたが共有することによって作られた感覚なのだということです。私たちが意識せずに語る先入観や常識は、だからこそ（社会と個人の接点を可視化してくれるからこそ）、社会学の格好の材料になります。そのことの重要性をいったん踏まえた上で、以下では、客観的なデータをもとに考察を進めていきたいと思います。

　戦後しばらくの間、日本では、実に99％近い人が結婚する皆婚時代が続いていました。まさに、結婚することが（異常なほどに）普通であった時代です。今日、結婚は必ずしも当たり前のことではありません。男女平均しておよそ5人に1人が未婚です[1]。結婚に関する規範的な縛りも弱くなっています。直近の調査では、7割近い人が、「結婚しなくてもいい」と答えており、逆に「結婚するのが当然である」と答える人は、3割を切っています[2]。とはいえ、自分自身のライフコースを考えた場合に「いずれ結婚するつもり」だと考える未婚者は多く、依然として9割近くいます。一方で、「結婚するつもりはない」とはっきり答える未婚者も1割近くおり、わずかながら年々増加しています[3]。結婚をめぐる近年の動向は単純に要約することができない複雑なものですが、いずれにしても、結婚を将来の選択肢として考えている人の割合と、実際に結婚をする人の割合の間に、それなりの隔たりがあることから、結果として結婚しないことを選択する人が増えてきていることは確かです。

　以下では、ある調査結果を糸口として、結婚という選択が現代社会において持つ意味について考えてみたいと思います。

　図表5−1は、独身の男女が結婚について不安に思うことを示したものです。一見してわかるように、経済面での不安（「経済的に十分な生活ができるかどうか」）を挙げる人は、男女ともに過半数を超えています。日本の労働市場において、非正規雇用者がすべての被雇用者に占める割合はすでに約4割に上り、また正規の職に就いていたとしても、生涯にわたって収入の安定が期待できるかどうか定かではありません。こうしたことから、多くの人が家計に不安を持つのは理解しやすいことです。また、男性では、他の不安と比べて、経済面での不安が最も大きいことがわかりますが、その背景には、男性が家計を支えるべきだという規範が依然としてあることが推測されます。実際、年収300万円以下の男性においては、それ以上の収入層と比べて、明らかに未婚者が多いことが示されています[4]。男性の場合には、現状として、収入格差が、結婚格差にほぼ直結して

1）生涯未婚率については第3章31頁の注1を参照のこと。

2）NHK放送文化研究所（2018）「第10回「日本人の意識調査」結果の概要」（https://www.nhk.or.jp/bunken/research/yoron/pdf/20190107_1.pdf）

3）国立社会保障・人口問題研究所（2015）「第15回出生動向基本調査」（www.ipss.go.jp/ps-doukou/j/doukou15/doukou15_gaiyo.asp）

4）国土交通省（2013）「国土交通白書2013」の図表79（https://www.mlit.go.jp/hakusyo/mlit/h24/hakusho/h25/）

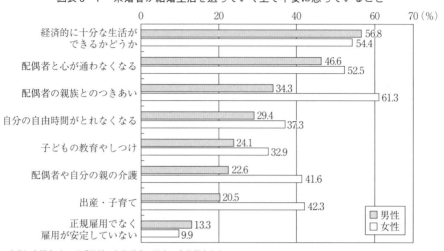

図表5-1　未婚者が結婚生活を送っていく上で不安に思っていること

出典）内閣府（2010）「結婚・家族形成に関する意識調査」（https://www 8 .cao.go.jp/shoushi/shoushika/research/cyousa22/marriage_family/pdf/zentai/s2_1_3.pdf）より筆者作成。

5）シャドウ・ワークとは、「支払われる労働（賃労働）」と同時に成立した「支払われない労働」のことで、典型的には、女性が家庭で行う家事や育児を指します。提唱者のI.イリイチ（1981＝2006）は、やみくもに暗記する試験勉強や、通勤に費やされる時間的・身体的骨折りなどもこの概念に含め、シャドウ・ワークとは「現代社会に独特の束縛の形」であると論じました。

いるのです。

　一方、経済的条件を除くすべての項目において、男性よりも女性の不安感が強いことが目を引きます。特に、出産・育児・介護・親戚付き合いにおいては、女性が男性の約2倍もの割合で不安を感じています。これらはすべて、「嫁」や「母」の仕事として、典型的には女性によって担われてきたものに重なります。近年、高学歴かつ有職の女性がますます増えている中で、結婚とともに、こうした労働（賃金が支払われない「シャドウ・ワーク」[5]）がさらに上乗せされるなら、結婚という選択に際して女性が戸惑いを感じることもまた、十分に理解できます。

　こうして未婚者が感じる不安の所在を見ると、全体として、結婚という選択そのものが、現代においては、何やらとても負荷の高いものになっているのではないかと考えさせられます。そしてその負担感は、依然として拘束力を持つ性別役割分業に由来しているように見えます。男性一人稼ぎで家計を支えられるだけの安定収入が期待できた時代は終わり、すでに多くの世帯において、共働きである

ことが、家計を安定させるための条件になっています。しかしながら、働きながら家事・育児・介護をこなすための制度的サポートは不十分で、家庭のために仕事を辞めたり制限したりするか、あるいは仕事から帰ったあとの「セカンド・シフト」[6]を気持ちと体調・体力のギリギリのところでこなすかの二択以外に、目立った選択肢が無いのが現状です。例えて言うなら、社会が用意する結婚（そして結婚生活）というパッケージは、あまりに画一的で、私たち一人ひとりが心地いいと思えるサイズ感ではなく、むしろ、結婚に付随する諸々の要求に合わせて各自が少しずつ無理をしているのが現状だと言えるのではないでしょうか。結婚は、現代においてはどこか「しんどさ」を伴う選択なのかもしれません。

Step 4　近代家族の賞味期限

　結婚が負荷の高いイベントであることは、今に始まったことではないと反論する人がいるかもしれません。しかし、その意味合いは、現在においてはまったく別物だということを、その構造的背景も含めて確認しておく必要があります。

　どのような制度や価値観にも、それが普及し、定着した地点（特徴的な時代背景）というものがあります。「男は仕事、女は家庭」という性別役割分業観の場合、それは明らかに1970年代に求めることができます。

　一般に「女性は社会進出した」と言われますが、実は、女子労働力率は1975年まで戦後一貫して下がり続けました。これは言い換えれば、女性がどんどん家庭に入り、主婦となったことを示しています。日本で4人世帯（主に夫婦と子ども2人）の割合がピークに達したのも1975年〜1985年頃です。恋愛結婚が見合い結婚を抜き、第3次産業の就業者が産業別で最も大きな割合を占めるようになったのが1960年代で、その傾向は1970年代以降、より明確になりました。つまり、「会社で働くサラリーマンと専業主婦、子ども2人」とい

6）セカンド・シフトとは、共働きの女性が負わされている過剰負担を示す概念で、米国の社会学者、A. R. ホックシールド（1989＝1990）が唱えました。子持ちの女性が職場で「第一の勤務」を終えると、家では家事と育児が「第二の勤務」[セカンド・シフト]として待っているというわけです。

7）落合（2004）
を参照。

8）注2）に同じ。

9）ただし、当時
の女性がけっして
「母」や「妻」と
いう枠の中で単純
に満足していたわ
けではなく、それ
以外の自己実現欲
求との間で葛藤し
ていたことも事実
です。これについ
て は、 大 日 向
（1989）や、B. フ
リーダン（1963＝
1980）を参照。

10）1898（明治31）
年に定められた家
族制度。個人の自
由よりもイエの存
続を重視し、戸主
が家財の分与や家
族員の結婚などに
ついて非常に強い
権限を持つことを
特徴とします。

う、今なお私たちの家族像を規定するテンプレート（伝統的家族と区別して、「近代家族」と呼ばれます）が形成されたのは、この時代なのです。[7]

NHK が行った「理想の家庭」に関する調査によれば、1973年時点では、こうした家族の形が、人々の望んだものでもあったことが窺えます。「父親は仕事に力を注ぎ、母親は任された家庭をしっかりと守っている（性役割分担）」という項目を選択した人の割合は、他の選択肢を2倍ほども引き離し、約4割で断トツの1位を占めています。[9]

人々が性別役割分業を支持した背景には、複数の要因が重なりあっています。一つには、戦前まで続いていたイエ制度からの解放を指摘することができます。近代家族は、明治以来のイエ制度とは[10]異なり、男女が自由恋愛を通して形成する新しい家族の形でした。それは、特に都市部において普及し、家父長制に由来する煩わしい制約からの解放と同時に、男性にとっては家事の免除を、女性にとっては賃労働の免除を意味していました。[11]また、当時の活発な経済も、こうした家族の形成を強力に支えていきます。というのも、戦後しばらく続いた急速な経済成長は、仕事に全力を注ぐ企業戦士と、そうした働き方を可能にする主婦の存在を抜きには語れないからです。代わりに、企業は年功序列型の賃金と終身雇用によって、社員の生活の安定を保証しました。そして政府もまた、新しい家族を支える制度を拡充させて行きます。1960年代を通して「配偶者控除」の仕組みが、また1985年には「第3号被保険者制度」が整備され、専業主婦のいる世帯の税制的優遇が図られていきます。これはまさしく、男性が仕事に専念し、女性が家庭に専念することを支える制度だったわけですが、このような分業は政治的にも有用なことでした。というのも、育児や介護といった、本来であれば公的サービスの対象となりうる仕事を家庭内で吸収する（つまりは女性に担わせる）ことによって、社会保障支出を抑制することが可能になったからです。政府は、1970年代後半に、家庭の責任を強化し福祉の機能

を代替させるやり方を「日本型福祉」という言葉で言い表しました。

　こうして見ると、性別役割分業とは、単に夫婦間のプライベートな分担という話では決してなく、政治・経済・家庭という三者三様の思惑が合致することで強固に支えられた、戦後日本の生活の形だったことがわかります。つまりそれは、日本型福祉と、力強い経済成長と、イエ制度からの解放を一挙に可能にする相乗りの形として成立し、定着したわけです。このような家族のモデル（男性一人稼ぎと専業主婦）は、見てきたように、戦後日本の特殊な状況のもとで普及し、かつそれなりの合理性を持ったモデルでもありました。問題は、それが現在でもなお、合理的と呼べるのかどうかということです。少子高齢化に伴う労働力人口の減少、一人稼ぎモデルの崩壊、構造的要因による税収の減少など、当時と現在とでは、生活を取り巻く条件が大きく異なります。そうした問題の突破口として、近年、政府は「女性の活躍」に特別の期待をかけるわけですが、しかし育児や介護を長らく家庭の責任としてきた結果、公的施設の不足は深刻で、女性に就労意欲があったとしても、それを可能にする労働環境は整っているとはいえません。さらに、専業主婦を優遇してきた制度が、今度はいわゆる「103万の壁」や「130万の壁」となって、女性の自由な就業を抑制するものとして働いていることも見逃せません。何より深刻なのは、そうした制度的慣行が、私たちの常識的思考に深く根を下ろし、私たちのものの見方や生き方を土台から規定してしまっているように見えることです。これがどういうことか、さらに考えていきたいと思います。

Step 5　「当たり前」の罠を抜けて

　ここで例として、筆者の講義でのひとコマを紹介しましょう。学生を相手に、「希望する働き方」について質問をしたときのことです。簡単に言うと、それは「ずっとフルタイム」「結婚したら退職」「子どもができたら退職」「子どもができたら時短・成長したらフル

11）これは言い換えれば、男性の私領域（家庭）からの排除と、女性の公領域（賃労働）からの排除を意味します。物事には常に別の側面があります。日本の近代家族については、上野（1994）や、千田（2011）など、歴史社会学的な視点も併せて参照すると良いでしょう。

12）年収103万円以下なら所得税は非課税で、配偶者控除が受けられ、年収130万円以下なら社会保険料の負担が免除されてきました。そのため、この収入をあえて超えないように、就労が抑えられがちになります。また、この制度の存在が、主婦パートの低賃金労働を支える温床となってきたことも指摘されています。労働と家庭の密接な関係については、筒井（2015）が、豊富なデータをもとに、わかりやすく説明しています。

タイム」「どれでもない・その他」などの項目から一つを選んでもらうものでした。教室には男女共におり、私は全員に向けて質問をしたのですが、実際に手を挙げてくれたのは、女子学生だけでした。男子学生は、結婚や子どもといった話題がキャリアとの関連で出てきた時点で、「これは女性向けの質問で、自分には関係がない」と、咄嗟に判断したのでしょう。あるいは、手を挙げようと思ったけれども、周りの男性が挙げていないのを見て控えたのかもしれません。いずれにしても、育児のために男性が働き方を変えなくてはいけないことは十分に考えられることなのに（例えば保育園にお迎えに行くためや、そもそも保育園に入れなかったときにどうするのか）、なぜ男性はアンケートの対象外であると判断してしまったのでしょうか。逆に、女性は女性で、家庭の状況に応じて仕事を調整するのは自分（だけ）であって、パートナーではないという思考のルートをあらかじめ下敷きにしているように見えます。

　ここで、常識というものの性格について、あらためて考えてみたいと思います。Step 2で確認したのは、私たちが何らかの社会通念を、常識として共有しているということでした。だからこそ、みんなと同じように考え、みんなと同じように了解することが可能になるわけです。しかし逆に、常識があるがゆえに、それ以外の可能性について考えられなくなるということがあります。

　社会学の「レリヴァンス」という概念は、まさにこのことについて考えさせてくれます。13)レリヴァンスとは、耳慣れない言葉ですが、有意性（あるいは関連性）と訳されます。私たちは皆、多かれ少なかれ常に、自分にとって、意味があるかないかの境界を引きながら現実と向き合っています。プロ野球の試合結果は、それに関心のある人にとっては、大事なニュースでしょうが、関心のない人にとっては、たとえネットでそのニュースを目にしたとしても、目を止めることなく通り過ぎる類いのものでしょう（その代わりに、最新のコスメ情報だとか、海外の時事問題などに反応するかもしれません）。たとえて言うなら、レリヴァンスの構造とは、いわば認知のフィル

13) レリヴァンスという概念を社会学に持ち込んだのは、オーストリア出身の社会学者、A. シュッツでした。彼は「自明のものを疑う」ことを社会学の課題として掲げ、私たちが無意識のうちに前提としている日常の知のあり方を問い直しました。シュッツ（1932＝1982）およびシュッツ（1970＝1996）を参照。シュッツの現象学的社会学と呼ばれる考えを概論として知りたい人は、那須（1997）が参考になるでしょう。

ター、あるいは、あらかじめ関心のあることに反応し、それ以外の情報はすべて無視（スルー）するようなアンテナに似ています。こうした関連で言うなら、常識とはまさに、多くの人が共有することによって、その時代や社会のアンテナの形を決めているレリヴァンスの構造だということができます。

　先ほど紹介した講義での質問は、私たちが知らずしらず前提にしている常識について考えるための、いわば「ひっかけ問題」でした。したがって、質問に対する特定の反応を批判する意図はまったくありません。むしろいいたいのは、一度出来上がった社会の仕組みが、私たちの生活を物理的に（税の優遇などを通して）左右するだけでなく、いかに思考のパターンそのものを長期にわたって、内側から規定してくるかということです。しかも、そのようにして思考の中に引かれた境界線は、見えにくく、意識されないからこそ、制度的な条件よりもある意味で基底的な力を持ちます。制度的には、まだまだ不十分ではあるものの、男性の育児休暇制度が整備されつつあり、配偶者控除の見直しも行われています。[14]一方で、性別役割分業という思考のパターンは、いまもなお私たちの態度の深部で影響力を持ち続けているように見えます。

　常識のことを、レリヴァンスという視点から考えてみたのは、それが、ある特定のものを（「当たり前」のこととして）見えるようにする一方で、それ以外のものを見えなくする（あるいは、見えていないことにする）特殊なメガネとして働く点に意識を向けるためでした。常識とは、選択的注視を促すだけでなく、選択的無視を構造化した枠組みに他なりません。その枠組みが力を持つと、そこからはずれた思考がしにくくなるだけでなく、そもそもそれをはずれた思考がありうるということそれ自体が見えなくなります。そうして、実際的な不都合や違和感があったとしても、それは「仕方ない」「そういうもの」「私さえ我慢すればうまくいく／頑張れば済む」という思考のループへと私たちを閉じ込めていきます。

　現在、戦後の近代家族を支えていた構造的条件が大きく変わり、

14）2017年度の税制改正により、年収150万円まで配偶者特別控除が（年収201万円まで段階的に減額される方式で）受けられるようになりました。これをどのように評価するかは、議論の分かれるところです。

かつてのモデルが不合理になっているにもかかわらず、どこかで当時のモデルを「普通の（あるべき）家族」や「幸せの（標準的な）かたち」とみなし、それに合わせるために、個人が多少の不満や無理を飲み込んで頑張っているのだとしたら、それはいわば数十年も前のメガネをかけて、今を生きていることに他なりません。それは、いろいろな意味で「しんどい」ことではないでしょうか。ひと世代前の幸せの形は、現在の幸せの形とは限らないのです。そもそも、幸せに「形」があるという規格化された思考がすでに過去のものなのかもしれません。そうした中で――かつての近代家族を支えた梯子はとっくに外されてしまっているのに――、男性としての経済力や、女性としての家庭的献身など、かつてと同様のことを暗黙裏に期待されても無理だよ、というのが、今を生きる人の正直な感覚ではないでしょうか。未婚化という現象は、そのようなズレを補修することができていない社会に対する無言の回答だと捉えることもできるかもしれません。

　いずれにしても、「結婚」というテーマを考えるときに大事なのは、婚姻率が上がることや下がることそれ自体ではなく、その前提として（つまり結婚をするという選択をするにせよしないにせよ）、個人が社会的条件のために我慢や無理をすることが極力ないような、等身大のライフコースを営むことができているのかどうかということではないでしょうか。そして、それを可能にするだけの柔軟性と感受性を、社会や制度が備えているのかということを常に考えていく必要があるように思えます。その先にある社会とは、きっと、既婚／未婚の区別そのものがそれほど決定的でなく、結婚についてどのような選択をしたとしても、自由で幸せな人生というのが素直にイメージ可能な社会なのだと思います。

Step 6　自分でやってみよう！

　もしあなたが結婚を考えたなら、どんなことを心配したり悩んだ

りしそうですか。それがどのような社会の通念や制度と関係しているか、考察して下さい。またそれは、海外ではどのような仕組みになっているでしょうか。あわせて調べてみましょう。

【参考文献】

イヴァン・イリイチ（1981＝2006）『シャドウ・ワーク——生活のあり方を問う』玉野井芳郎・栗原彬訳、岩波現代文庫

上野千鶴子（1994）『近代家族の成立と終焉』岩波書店

大日向雅美（1989）『母性の研究』川島書店

落合恵美子（2004）『21世紀家族へ　第3版』有斐閣選書

アルフレッド・シュッツ（1932＝1982）『社会的世界の意味構成——ヴェーバー社会学の現象学的分析』佐藤嘉一訳、木鐸社

アルフレッド・シュッツ著／リチャード・M・ゼイナー編（1970＝1996）『生活世界の構成——レリヴァンスの現象学』那須壽・浜日出夫・今井千恵・入江正勝訳、マルジュ社

千田有紀（2011）『日本型近代家族』勁草書房

筒井淳也（2015）『仕事と家族』中公新書

那須壽（1997）『現象学的社会学への道——開かれた地平を求めて』恒星社厚生閣

ベティ・フリーダン（1963＝1980）『新しい女性の創造　増補版』三浦冨美子訳、大和書房

アーリー・ホックシールド（1989＝1990）『セカンド・シフト　第二の勤務—アメリカ　共働き革命のいま』田中和子訳、朝日新聞社

⑥章

育　　児

▷関連章
　5章
　7章

■キーコンセプト
基礎集団／機能集団、性別役割分業

Step 1　育児は誰の仕事？

　人間の社会が続いていくためには、とぎれることなく新しい世代が育っていく必要があります。新しい世代を生み育てる行為は、場面によっていろんな名前で呼ばれています。生殖や出産、育児や教育などです。中でも、ここでは育児という現象を取り上げます。

　人間社会の存続に欠かせない育児ですが、ではその作業は誰が担っているのでしょうか。育児は女性の仕事だ、という考え方があります。こうした考え方の根っこにあるのが、多くの場合、「夫は外で働き、妻は家庭を守るべきだ」という考え方です。このように、男性と女性の役割は異なっているとみなす考え方を、「性別役割分業意識」と呼びます。

　ですが最近、男性も積極的に育児に参加すべきだ、という考え方をよく耳にします。「イクメン（育men、育メン）」という言葉の流行は、その一つの表れです。「イケメン」の「かっこいい男性」という意味を引き継ぎながら、「イケ」の部分を「育」に置き換えた言葉で、「子育てを積極的に楽しむ男性」を意味します。育児をする男性を格好いいとするイクメンという言葉の流行は、女性だけが育児をするべきだとする性別役割分業意識には問題がある、と考えられるようになってきたことを意味します。[1]

1）イクメンに関する社会学の研究としては、石井クンツ（2013）、工藤ほか編（2016）があります。

　この章では、こうした担い手という観点から育児について考えて
みたいと思います。

Step 2　考えてみよう！

【質問】育児をするのは誰の役割だと思いますか。なぜそう思うのか、も
合わせて考えてみて下さい。

【アイデア交換】質問でノートに書いた話題を、グループの人と共有して
みましょう。どんな話題が取り上げられていましたか。共有している話題
はありましたか。

Step 3　育児をめぐる意識と行為のズレ

　Step 2ではどのような意見が出たでしょうか。ここではそうした
個々人の意見を念頭に置きながら、育児をめぐる現状をもう少し広
い観点から見てみましょう。
　まず、育児のあり方に大きな影響を与えていると思われる性別役
割分業意識は、日本ではどのように変わってきているのでしょう
か。『男女共同参画白書 平成29年版』から抜粋した図表6-1を見
て下さい。[2] これは、1979年から2016年にかけて、性別役割分業に賛
成する人や反対する人の割合が、どのように変化してきたのか、を
示したグラフです。成人の男性と女性（2016年だけは18歳以上の男女）
のそれぞれに尋ねています。このグラフからどのようなことが見え
てくるでしょうか。
　まず言えるのは、長期的な傾向としては、性別役割分業に賛成す

2）『男女共同参
画白書』は、内閣
府男女共同参画局
のサイト（http://
www.gender.go.
jp/about_danjo/
whitepaper/ind
ex.html）で見ら
れます。

図表6-1　「夫は外で働き、妻は家庭を守るべきである」という考え方に関する意識の変化

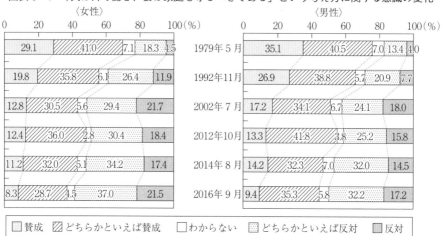

出典）内閣府（2017）「男女共同参画白書 平成29年版」第3章（http://www.gender.go.jp/about_danjo/whitepaper/h29/zentai/index.html）のⅠ-3-5図を加工して作成。

　る人の割合が、男女ともに減ってきており、性別役割分業に反対する人の割合が、男女ともに増えてきています。そして2016年の調査では、男女のいずれでも、性別役割分業に反対する人の割合が、賛成の人の割合を上回っています。1979年の調査では、男女ともに70％を超える人が性別役割分業に賛成であったことを考えると、性別役割分業は、昔に比べるとそれほど当たり前とは思われなくなりつつある、といえそうです。

　ただし男性と女性を比べると、少し違いが見られます。2016年の調査結果をみると、性別役割分業に反対する人の割合（「反対」+「どちらかといえば反対」）は、女性の方が男性よりも高くなっています（女性：58.5％、男性：49.4％）。そして性別役割分業に賛成する人の割合（「賛成」+「どちらかといえば賛成」）は、女性の方が男性よりも低くなっています（女性：37％、男性：44.7％）。これを先の結果と合わせていえば、次のようにいえます。現代の日本では、男女とも性別役割分業をかつてほど当然とは思わなくなっていますが、その傾向は女性の方が男性よりも顕著だということです。

　もちろん図表6-1は、性別役割分業意識の変化、つまり、あくまで考え方の変化を示したグラフです。「頭ではわかっているけど」という言い方があるように、性別役割分業意識は変わったとしても、それに伴って実際の行為がどの程度変化しているかは、別の問題です。また図表6-1は、一般的な性別役割分業意識を表すもので、それが実際にどの程度育児のあり方に反映されているかは、わかりません。性別役割分業意識の変化に伴って、本当に男女が育児を一緒に担うようになってきているのでしょうか。

　図表6-2を見て下さい。これは、1996年から2016年にかけて6歳未満の子どもを持つ夫婦が、1日のうちで家事や育児に費やす時間がどう変わってきたか、を示したものです。長期的な変化を見ると、男女とも育児に費やす時間が徐々に増えていることがわかります。ただし実際に育児に費やした時間は、男性よりも女性の方がはるかに多く、2016年では男性が49分なのに対し、女性は225分（3時間45分）です。

　ここから次のようにいえます。現代の日本では、男女とも意識の上では性別役割分業をそれほど当然のこととは思わない人が増えています。ですが実際には、女性の方が男性よりも多くの時間を育児

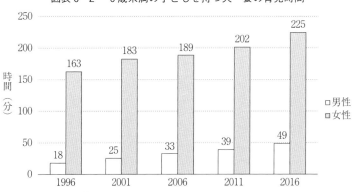

図表6-2　6歳未満の子どもを持つ夫・妻の育児時間

出典）総務省（2017）「平成28年社会生活基本調査——生活時間に関する結果　結果の概要」(https://www.stat.go.jp/data/shakai/2016/pdf/gaiyou2.pdf）を加工して作成。

に費やしています。男女が一緒になって育児を担うようになってきているとはいえません。

　なお、ついでながら、育児の時間に、育児以外の家事の時間を足せばどうなるでしょうか。図表6-2と同じ調査によれば、6歳未満の子どもを持つ夫と妻の、1日の（育児を含めた）家事時間は、2016年時点で、夫が平均1時間23分、妻が平均7時間34分です。また、やはり図表6-2と同じ調査によれば、6歳未満の子どもを持つ夫のうち、7割の夫がまったく育児を行っていません。育児以外の家事についても同様で、夫婦共働きの世帯では約8割、夫が有業で妻が専業主婦の世帯では約9割の夫が、家事を行っていません。このように、性別役割分業意識が変わってきているというわりには、育児を含めた家事全般を妻まかせにしている夫が多くいるというのが、日本の現状だといえそうです。[3]

Step 4　男性の育児が進まないのはなぜ？

　では、なぜ男性の育児は進まないのでしょうか。すぐに思いつくのは、男性の性別役割分業意識がまだ強いからだ、という答えです。口では性別役割分業に反対と言う男性が増えてきているけれども、本心ではそう思っていない（夫は外で働き、妻は家庭を守るべきだと思っている）という理屈です。

　ある現象の原因を、それに関わる人の意識に求める説明の仕方は、わかりやすくてそれなりに説得力があります。イクメンという言葉が流行するきっかけを作ったのは、厚生労働省が2010年に立ち上げた「イクメンプロジェクト」ですが、このプロジェクトでも同じような理屈が見て取れます。[4] このプロジェクトは「育てる男が、家庭を変える。社会が動く」というスローガンを掲げています。これを言葉どおりに受け取れば、「男性がイクメンになれば家庭や社会も変わる」と、イクメンプロジェクトでは考えているといえます。個人の意識が変わらないから社会は変わらない、という因果関

3）さらに付け加えれば、育児をやっているつもりの夫が、妻から見るとやっていないように見えるというケースもあります。家事や育児をめぐる、こうした夫婦のズレについては、鈴木（2013）を参照。

4）厚生労働省が運営するイクメンプロジェクトのサイトを参照（https://ikumen-project.mhlw.go.jp/）。

係（原因と結果の関係）が想定されています。

　しかし男性の意識が変わったら、本当に男性の育児時間は増えるのでしょうか。育児休業（育休）を例にして考えてみましょう。

　現代の日本には育休の制度があります。すなわち、日本で企業に雇われている人は、男女を問わず、最長子どもが2歳になるまで、育児のための休業を取得することができます。この休業中は、原則企業から給与は払われませんが、一定の条件を満たせば、雇用保険から育児休業給付を受けることができます。給付金の額は、育児休業の開始から半年間は給与の約7割、半年経過後は5割です。では実際にどの程度の男性が育休を取得しているでしょうか。2017年度のデータを見ると、妻が出産した男性社員のうち、育休を取得した男性の比率は5.14%でした。[5] 出産した女性社員による育休の取得率が83.2%ですから、ずいぶんと差があります。

　では、男性労働者の5.14%しか育休を取得しなかったのは、男性の性別役割分業意識が強いからでしょうか。そういう側面もあるかもしれませんが、そればかりではないでしょう。たとえば、2017年度の東京都福祉保健基礎調査『東京の子供と家庭』では、配偶者のいる男性で、家事や育児を「もっとやりたい」と答えた人は64.6%であった、という結果が出ています。[6] この結果を見る限り、育児をやりたいと思っている男性は意外と多そうです。だとすれば、なぜ男性の5.14%しか育休を取得しないのでしょうか。2013年に内閣府が行った「ワーク・ライフ・バランスに関する意識調査」は、まさしく、育休の取得を望んでいたけれども実際には取得しなかった男性社員に、どういう条件があれば育休を取得していたか、を尋ねています。[7] 回答の中で上位に挙げられたのは、「職場の雰囲気」や「上司の理解」でした。男性の育児が増えるかどうかは、男性の意識だけでなく、職場の上司や同僚の意識にも左右されています。

　こうして、男性の意識が変われば育児をする男性が増える、という先ほどの因果関係は、次のように修正されることになります。「職場の上司や同僚の意識が変われば育児をする男性が増える」と

5）厚生労働省が行った「平成29年度雇用均等基本調査」の結果です。(https://www.mhlw.go.jp/toukei/list/71 29r.html)

6）東京都福祉保健基礎調査のサイト(https://www.fukushihoken.metro.tokyo.lg.jp/kiban/chosa_tokei/zenbun/)を参照。

7）内閣府の「仕事と生活の調和」推進のサイト(http://wwwa.cao.go.jp/wlb/research.html)を参照。

いう因果関係に、です。

　おそらく同じようなことを考えた人たちがいたのでしょう。イクメンの流行からしばらくして、「イクボス」や「パタハラ」といった言葉が登場してきました。「イクボス」はイクメンの派生語で、育児をしようとする部下を積極的に支援する上司（ボス）のことです。「パタハラ（パタニティ・ハラスメント）」は、育児のための休業や時短を望む男性社員への嫌がらせのことで、女性の出産や育児への嫌がらせを意味する「マタニティ・ハラスメント（マタハラ）」と対になる言葉です。これらの言葉の登場は、男性の育児が進むには職場の意識改革が必要だ、と考えられていることを示しています。

　しかし、しつこいようですが、職場の上司や同僚の意識が変わったら、本当に男性の育児が進むのでしょうか。本当に職場が変わることができれば、そうなるかもしれません。ですが、そんなに簡単に、個人の心がけ次第で職場の上司が「イクボス」になれたり、ある職場が「パタハラ」をしないようになるのでしょうか。個人の意識改革を呪文のように唱えるだけではすまない問題が、そこにはあるように思われます。

　参考のために、ここでスウェーデンの育児事情を見ておきましょう。[8] 日本で男性の育児が議論になるとき、特に先進的な事例としてスウェーデンがよく話題になります。スウェーデンは、各国に先駆けて、父親の育児休暇取得を推し進めてきた国です。現在スウェーデンでは、育休が両親のそれぞれに240日（8カ月）ずつ与えられていて、合計で480日（16カ月）の育休を取得できます。育休の日数は夫婦間で調整し合うことができますが、90日分は相手に譲ることができません（これを「父親の日」とか「母親の日」と呼びます）。自分に割り当てられた育休を使わなければ消滅してしまうので、結果として父親も、最低でも90日の育休を取らないと損になります。育休中の390日までは、社会保険庁から所得の約80％が、その後の90日は一定額が支給されます。所得のない求職者や学生にも一定の給付があります。こうした制度のもと、現在では90％近くの父親が、何

8）スウェーデンの育児休業制度については、独立行政法人労働政策研究・研修機構の資料シリーズ No.197（2017）や、永井（2005）があります。いずれも労働政策研究・研修機構のサイト（http://www.jil.go.jp/）で見られます。また、濱野（2017）は、国立国会図書館デジタルコレクション（http://dl.ndl.go.jp/）で見られます。

らかの形で育休を取得しているといわれます。[9]

　ですがスウェーデンでも、男性の育休制度を導入してから長いあいだ、実際の育休取得は増えませんでした。1978年にはスウェーデンの社会保険庁が、重量挙げの男性スター選手をモデルにした育休促進のポスターを作成して話題になりましたが、うまくいきませんでした。1980年代に行われた調査では、男性の90% が育休に肯定的だったにもかかわらず、実際の育休の取得につながっていないとの結果が出ました。男性の育休取得率の低さには、スウェーデンの経営者団体が男性の育児に否定的であったことが大きく影響していたといわれます。男性の育休取得が増えていくのは、父親にも育休を強制的に割り当てる「父親の日」が導入された1995年頃からです。男性と女性がともに働きやすく、かつ、育児もしやすい社会を作るには、家庭内の性別役割分業を解消する必要がある、けれどもこれは家庭の中で解決できるわけではなく、政治の介入が必要である、との考えに基づいて、制度的に「父親の日」が設けられました。

　このように、男性の育児に関して先進的だといわれるスウェーデンでも、男性の育児を増やすには政治的な改革が必要でした。こうしたスウェーデンの歴史的な経緯を見る限り、次のようにいうことができそうです。すなわち、男性の育児は、父親である男性や職場の上司や同僚といった人々の意識改革を求めるだけでは、なかなか進まない、というのがそれです。

　なぜそうなのでしょうか。理由の一つとして、家族と企業の関係について考えてみましょう。

　人間は昔も今もいろんな集団に所属して生きています。近代以前の代表的な集団は、血縁や地縁によって結びついた「基礎集団」でした。基礎集団は、育児からモノの生産までさまざまな機能を担う集団でした。これに対し近代に増えてくるのは、「機能集団」あるいは「アソシエーション」と呼ばれる集団です。[10]機能集団は、近代以前の基礎集団とは違って、特定の機能に限定されています。さまざまな機能を担ってきた基礎集団が、機能の限定されたさまざまな

9) ただし、男性の育児休業取得率が90% といっても、全育児休業取得日数における男性の取得割合は、2016年で27% ほどです。1974年には0.5% 程度だったので、上昇しているとはいえます。それでも女性の育児休業取得日数に比べれば、少ないといえます。

10) 初期の社会学で、よく指摘された近代という新しい時代の特徴の一つが、基礎集団の衰退と機能集団の発展です。F. テンニースの「ゲマインシャフト」と「ゲゼルシャフト」やR. M. マッキーヴァーの「コミュニティ」と「アソシエーション」といった概念が有名です。これについては、友枝ほか編(2017) の「基礎集団と機能集団」(60-63頁)を参照。

アソシエーションに分化していくのが、近代という時代です。アソシエーションの代表が、モノやサービスを提供して利益を得るという機能に限定された企業です。

　そして現代社会では、人間の生活に必要なモノやサービスの大半が、企業によって生産されています。これを逆方向から見れば、かつてのような基礎集団は縮小し、その子孫である現代の家族が果たす機能はかなり限定されている、ということです。現代においても家族は、新しい世代を生み育てるうえではとても重要な集団だとされます。ですが現代の家族には、生活に必要なモノやサービスを生産する機能はあまりありません。そのため現代の家族は企業に依存しないと生活できません。ですが企業にとっては、労働者の代わりはたくさんいます。

　家庭と企業の間にこうした関係がある限り、労働者が仕事よりも育児を優先させるのは簡単ではありません。企業の中には、育児を犠牲にして仕事をすることを求めるところもあるでしょうし、労働者はそれになかなか逆らえないでしょう。その結果、育児よりも仕事を優先することに誇りを感じたり、育児を犠牲にして働くことが家族への愛情表現だと思うようになる人も出てくるでしょう。

　もし本当に男性の育児を促進したいのであれば、単に男性や職場の意識改革を求めるだけでなく、たとえば父親に育休を強制的に割り当てたスウェーデンの「父親の日」のように、政治的に企業の力を制限したり、労働者の権利をいま以上に保護したり労働者の裁量を大きくする政策が欠かせないのではないでしょうか。

Step 5　育児は家族の仕事？

　育児を誰が担うのか、という問いに対して、ここまでは、父親（と母親）に注目して話を進めてきました。つまり、育児が家族の仕事であることを、あたかも当たり前であるかのようにみなして考察してきました。ですがStep 4で述べたように、現在の家族の多く

は、かつての基礎集団に比べればかなり小規模で、できることも限られています。だから当然育児に関しても、私たちが現代の一般的な家族としてイメージする家族——典型的には核家族——だけでのすべてを担うことは、現実には困難です。家族以外にも多くのアクター（行為者）や資源（リソース）がなければ、育児はできません。

　育児を担う家族以外のアクターや資源には、どのようなものがあるでしょうか。目につきやすい代表的なアクターや資源を取り上げてみましょう。

　まずよく挙げられるのは、夫婦のそれぞれの家族や親族です。夫もしくは妻の家族や親族が、同居もしくは近隣に住んでいると、育児をする上でさまざまな支援が得られます。子どもが病気になったときに病院に連れて行ってもらえるといった、いざという時のサポートもあれば、普段から保育所に子どもを迎えに行ってもらったり子どもを預かってもらえるといった日常的なサポートもあります。育児をする上で相談相手になってくれたり、わからないことを教えてくれたりもします。ときには、子どもにオモチャを買ってくれたり、進学などの際にお祝いをもらったり、といった経済的な支援をしてくれたりもします。

　友人や知人も、育児を担う家族以外のアクターや資源として重要です。友人や知人も、夫や妻の家族や親族同様、日常的なサポートや緊急のサポートをしてくれたり、相談相手になってくれたりします。育児をするようになると、子どもを連れて人に会うのがプレッシャーになりがちです。そうした中で、こちらが育児中であることに適切な配慮を示してくれる、友人や知人との時間は、リフレッシュする上でもとても貴重なサポート資源になります。

　ただしこうした個別的な人的サポートは、さまざまな理由から人によってばらつきがあります。だから育児には、もっと組織的なアクターや資源も必要です。保育所や幼稚園をはじめとする多様な保育サービスは、その代表的なものです。日中保護者が不在である小学生児童を放課後の一定時間保育するいわゆる「学童」や、公的機

関や NPO（Nonprofit Organization の略語で、営利を目的としない団体のこと）が行う子育て相談なども、重要なサポート資源です。また、健康保険から給付される出産手当金、雇用保険から給付される育児休業給付金、産休・育休中の社会保険料や厚生年金保険料の免除といった社会保障制度も、やはり大事なサポート資源です。

　さらに、少し目立ちにくいですが、遊び場や安全な道路といった生活環境も、育児を担う大事なアクターや資源でしょう。他にも、たとえばベビーカーを乗せられるエレベーターや子ども連れで行ける店、おむつを替えることができるトイレや児童図書館などが挙げられます。

　最後に、Step 4 で述べた職場のあり方も、もちろん育児を担う大事なアクターや資源です。育休の仕組みがどうなっているか、そして育休からの復帰がどの程度スムーズか、といったことは、家族による育児のあり方を大きく左右します。

　こうしたアクターや資源はいずれも、お金と等価交換するような純粋に経済的な関係性ではありません。そもそもお金が動いていないケースも多いですし、お金が動く場合でも、たとえば税金や保険といった仕組みに基づく補助などによって負担が軽減されています。人々が経済とは異なる論理に基づいてお互いに行う、こうした保護の実践や仕組みは、「社会的」なサポートと呼ばれます。

　もちろん育児に対するこうしたサポートが、常にすばらしいわけではありません。夫や妻の家族との関係には気苦労が伴うかもしれません。税金や保険に基づくサポートに、不公平感を持ったりするかもしれません。それでも、家族以外のアクターや資源によるサポートがなければ、安心して育児を行うことは困難です。だから育児のあり方を問題にする場合には、家族のあり方だけでなく、家族を越えた複合的な社会のあり方についてもあわせて考える必要があるでしょう。

　あらためていえば、ある現象の原因を、狭く限定された要因に帰責させる説明の仕方は、わかりやすくて説得力があります。です

が、個々の男性がイクメンになったり職場の上司がイクボスになったりすることと同じくらい、安心して育児を行える社会的な条件を整えることも重要です。イクメンプロジェクトのスローガンをもじっていうなら、次のようにいえるでしょう。「社会が動けば、育てる男が育つ。家庭を変える」です。

Step 6　自分でやってみよう！

　安心して育児を行うためには、個々人の努力以外に、どのような社会的なサポートが必要だと思いますか。
　育児にまつわる事件やニュースを調べ、そこに見られる課題や解決法について考えてみましょう。

【参考文献】
石井クンツ昌子（2013）『「育メン」現象の社会学――育児・子育て参加への希望を叶えるために』ミネルヴァ書房
木村涼子ほか編（2013）『よくわかるジェンダー・スタディーズ』ミネルヴァ書房
工藤保則ほか編（2016）『〈オトコの育児〉の社会学――家族をめぐる喜びととまどい』ミネルヴァ書房
鈴木富美子（2013）「育児期における夫の家事・育児への関与と妻の主観的意識――パネル調査からみたこの10年の変化」『季刊家計経済研究』No.100：19-31頁（公益財団法人家計経済研究所）
独立行政法人労働政策研究・研修機構の資料シリーズ No.197（2018）「諸外国における育児休業制度等、仕事と育児の両立支援にかかる諸政策――スウェーデン、フランス、ドイツ、イギリス、アメリカ、韓国」
友枝敏雄ほか編（2017）『社会学の力――最重要観念・命題集』有斐閣
永井暁子（2005）「スウェーデンにおける男性の働き方と子育て」『日本労働研究雑誌』47（1）：46-62頁
濱野恵（2017）「男性の育児休業の取得促進に関する施策の国際比較――日・米・英・独・仏・スウェーデン・ノルウェー」『レファレンス（The Reference）』800：99-127頁（国立国会図書館）

7章

離　　婚

▷関連章
　5章
　6章

■キーコンセプト
シャドウ・ワーク、性別役割分業、有償労働／無償労働、ワーク・ライフ・バランス

Step 1　離婚は家族の危機ですか？

　結婚するかどうかがライフコース上の大きな選択であるとすれば、結婚を終わりにするかどうかという離婚も、人生における重要な選択です。これは当事者にとってだけではありません。芸能人や有名人が離婚するとなると、ワイドショーでも取り上げられ、なぜ離婚するのかを根掘り葉掘り知りたがります。現代の日本では離婚はそれほど珍しくありませんが、それでも離婚が一大事であるかのような報道がなされるのは、離婚を結婚や家族の安定性を脅かす、いわば危機として捉えているからかもしれません。

　では、そもそも離婚はどのような現象なのでしょうか。離婚が増えてきているとしばしばいわれますが、もしそうであるなら、それはいつ頃から、なぜ増えてきたのでしょうか。離婚後はどのような暮らしを送ることになるのでしょうか。もし離婚が危機だとするなら、その危機はどんな社会的背景において生じているのでしょうか。この章では、私たちの社会における離婚の持つ意味について考えていきたいと思います。

Step 2　考えてみよう！

【質問】将来、自分が子どもを持って離婚すること――「ひとり親」になること――をできるだけ具体的に想像してみて下さい。離婚前と比べて、生活にどんな変化が起きそうですか。

【アイデア交換】上の話題について、グループの人と共有してみましょう。どんな点が話題になりましたか。あなたと同じ意見や異なる考え方はありましたか。

Step 3　離婚をめぐる二つの誤解

　Step 2 で、みなさんは離婚後の生活をどのようにイメージされましたか。子どもが就学前なのか、成人後なのか、きょうだいがいるのかいないのか、子どもが異性か同性かなどによっても、離婚後の生活のイメージは大きく異なっていたかもしれません。何よりあなたが女性なのか男性なのかによって、働き方や収入、期待できるサポートなどの想定が違っていたのではないでしょうか。いずれにせよ、離婚して「ひとり親」になると大変になるなぁ、と思った人は少なくなかったかもしれません。

　離婚はなんとなく大変だというイメージがある一方、1972年から実施されている調査[1]によると、「結婚しても相手に満足できないときには離婚すればよい」という回答は、1980年代半ば頃から急増しています。離婚に対し人々が寛容な意識を持つようになり、離婚しやすくなったようにも見えます。またこのような意識の変化の結

1）内閣府（1997）「男女共同参画社会に関する世論調査」（http://www.gender.go.jp/research/yoron/index.html）

2）人口1000人に対する年間の離婚届出件数。

3）高木（2014）は江戸時代の離婚について、坪内・坪内（1970）は比較社会学的な視点から江戸時代から現代に至るまでの離婚について、地域性を加味しながら言及しています。

4）岩井（1997）。

5）湯沢（2005）。

果、離婚が増えてきたのは最近のことだとしばしば思われています。

　では、実際のところはどうでしょうか。少しタイムスパンを長くとって、離婚率[2]の推移を見てみましょう。図表7-1を見ると、離婚が現代的な現象だという印象は、実際のデータとは食い違っていることがわかります。意外なことに、明治の半ば過ぎ頃までは、離婚率は現在よりも相当高い水準を示していました。近年の研究によれば、江戸時代には身分によりさまざまな離婚事情があり、社会全体として離婚は珍しくなかったようです。明治に入ってもそうした傾向はしばらく続き、離婚率が最も高かったのは、離婚統計が最初にとられた1883（明治16）年でした。[3]

　しかし、1898（明治31）年に離婚率がほぼ半減します。この年に明治民法が施行され、離婚の際にはその理由を明記し、夫婦双方が署名し、印を押す届出主義が義務付けられるようになりました。[4]また、明治民法とともに公布された戸籍法によって、戸籍管理が厳格になったことも離婚率の低減に寄与したようです。[5]以後、明治の後

離婚率
（人口千対）

図表7-1　日本における離婚率の推移（1883〜2016年）

出典）1883〜1943年は坪内・坪内（1970）、1947〜2016年は厚生労働省（2018）「平成29年（2017）人口動態推計（各定数）の概況」（https://www.mhlw.go.jp/toukei/saikin/hw/jinkou/kakutei17/index.html）をもとに著者作成。

半から大正、そして昭和の戦前まで長期にわたって離婚率は低下を続け、1938（昭和13）年には、離婚率は0.63と最低を示しました。

　戦後になって制定・公布された日本国憲法では、婚姻は両性の合意に基づいて行われるものと定められ、恋愛結婚が増えていきました。見合い結婚を恋愛結婚が上回って、両者の割合が逆転するのは1960年代後半のことです。海外に目を向けると、多くの先進諸国において離婚率が急上昇し、「個人的なことは政治的なこと」をスローガンにした第二波フェミニズムといわれる女性運動が世界的な広がりをもつようになったのもこの頃です。日本でも、60年代半ば頃からあらためて離婚率が徐々に上昇し始め、2002年には2.23と戦後最高水準に達しました。その後、若干、減少傾向を示しているものの、現在でも高い水準を維持しています。先進諸国における離婚率の上昇を後追いするような形になったことも、日本における離婚が「現代的な現象」とイメージされることに寄与したかもしれません。

　離婚にまつわるよくある誤解はもう一つあります。それは女性が働くようになったから離婚率が上がったというものです。1970年代半ば以降、女性の就業率が上昇し、1990年代になると専業主婦世帯数を共働き世帯数が上回りました。この間、男女平等の達成に向けた国際的な流れの中、日本政府は1980年に国連女性差別撤廃条約に署名し、その条約を批准すべく、1985年には男女雇用機会均等法を制定しました。[6]「女性の自立」や「女性の社会参加」を後押しするような社会的気運もあり、離婚が増えたのは、「女性が働くようになったから」「女性たちが稼ぐようになったから」など、女性たちの経済的な自立の結果であるとよくいわれるようになりました。

　でも、このような説明はどれくらい妥当なものでしょうか。

　1984年以降の女性の雇用形態別雇用者数の変化を見ると、1984年に雇用されていた女性は約1500万人でしたが、2018年にはそれが2500万人以上にまで増えました。しかしその内訳を見ると、正規雇用者数はほとんど変わらず、雇用者数の増加は、ほぼパートタイムや契約社員などの非正規雇用によるものでした。[7]こうした就業形態

6）男女雇用機会均等法は、制定当初からさまざまな問題点があることが指摘され、1997年に改正されました。それでも、「97年の改正均等法もなお、（中略）諸外国の法律に比較して実効性確保という点からは不十分である」（浅倉 2002）とされ、改善すべき多くの問題を抱えています。

7）労働政策研究・研修機構ホームページ（https://www.jil.go.jp/kokunai/statistics/timeseries/html/g0208.html）

の違いによる賃金の格差は大きく[8]、同じ女性であっても、非正規雇用者の賃金は正規雇用者の7割にとどまります。さらに性別による賃金格差も加わると、女性の場合、たとえ正規雇用でも男性正規雇用者の賃金の8割に満たず、女性非正規雇用の場合には5割程度となってしまいます。働いてはいても、とうてい自立できる状況とはいえません。

　このように見てくると、戦後、離婚に対する意識はより寛容になり、離婚に対するハードルは低くなってきましたが、それを女性たちの経済的な自立だけに還元するのは的外れです。

　そもそも離婚率や離婚件数という指標自体にも注意が必要です。婚姻届を出していなければ離婚にならないため、離婚率は結婚をとりまく法制度とも関係します[9]。また、一般的に離婚は若年層で多いことから、人口構成において若年層が多い場合には離婚率は高く、高齢層が多い場合には低くなるなどの人口学的な要因や、経済状況（景気）との関連も指摘されています[10]。離婚率の変化にはさまざまな理由があって特定することが難しく、ある特定の理由をピックアップして論じることには注意が必要です。

Step 4　離婚するとどうなるのか

　Step 3では離婚の変化について見てみました。次は、離婚後の暮らしについて考えてみましょう。近年、ひとり親の数そのものが増えたことで、ひとり親の生活は以前よりも注目されるようになりました。ただし、ひとり親世帯の9割弱が母子世帯であり、メディアなどで取り上げられるのもほとんどが母子世帯です。これに比べると父子世帯は、「見えにくい存在」となっています。ここでは、ひとり親世帯が離婚後に直面する困難について、母子世帯と父子世帯の違いに着目しながら見ていきましょう[11]。厚生労働省（2017）によると[12]、2016年時点において、ひとり親の母親と父親はともに9割強が就業しており、就業率自体に男女差はあまりありません。しかし

正規雇用かどうかという点では、大きな差があります。父子世帯で
は7割が正規雇用で働いているのに対して、母子世帯では4割強し
か正規雇用の職についておらず、残りの4割強は非正規雇用です。
就労収入を比較してみると、同じ正規雇用でも、父子世帯（426万円）
と比べると母子世帯（305万円）は100万円以上も低く、非正規雇用
で働く母子世帯ではさらに低い水準にとどまります（133万円）。母
子世帯で4割を占める非正規雇用の母親は、男女間格差と女性内格
差の二重の格差の中に置かれていることがわかります。

　このようなひとり親世帯の窮状は、国際比較をするとより鮮明に
なります。図表7-2で、国全体およびひとり親世帯の相対的貧困
率[13]を就業有無別に見てみましょう。OECD30カ国の平均を見ると、
全体の貧困率は10％ほどですが、「無業のひとり親」では50％にま
で達してしまいます。ただし「有業のひとり親」の場合、貧困率は

13）相対的貧困率
とは、社会の一般
的な生活基準を大
きく下回る人の割
合を示す格差の指
標です。世帯の人
数を調整した手取
り所得（等価可処
分所得）の金額を
高い順から並べた
ときに、ちょうど
真ん中となる金額
の半分を貧困ライ
ンとし、その金額
に満たない人の割
合を指します。

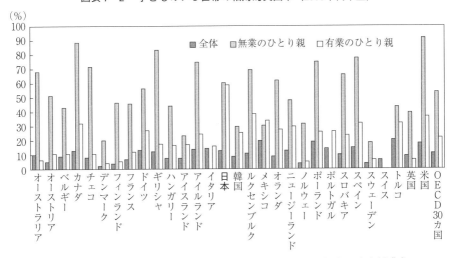

図表7-2　子どものいる世帯の相対的貧困率（2000年代中盤）

（備考）　1．OECD（2008）"Growing Unequal? Income Distribution and Poverty in OECD Countries" より作成。
　　　　2．イタリア、ポルトガルの無業のひとり親世帯は、サンプルサイズが小さくデータはない。
　　　　3．スイスは、就業の有無別ひとり親世帯のデータがない。
出典）内閣府（2010）「平成22年版　男女共同参画白書」（http://www.gender.go.jp/about_danjo/whitepaper/h22/zentai/
　　　index.html）より。

20%程度まで低減します。つまり、ひとり親であっても、親が働くことによって貧困率が下がるという結果が出ています。そして多くの国々では、OECDの平均と同じような傾向が見られます。ところが、日本の場合には、親が働いていようがいまいが、ひとり親の貧困率は非常に高く、いずれも60%を超えています。有業と無業のひとり親の貧困率にこれほど差がない国は日本以外見当たりません。日本のひとり親世帯のほぼ9割が母子世帯ですから、ひとり親の母親は、働いても貧困から抜け出すことが難しいと推察できます。

　実際にひとり親世帯が最も困っていることを見てみましょう。母子世帯で最も多かったのはやはり家計（50.4%）で、ほぼ半数の人が経済的問題を挙げており、以下、仕事（13.6%）、自分自身の健康（13.6%）と続きます。[14] 不利な労働条件のもとで何とか収入を得るために、母親たちが無理をしながら働かざるをえない状況におかれていることがうかがえます。

　では父子世帯ではどうでしょうか。父子世帯においても、母子世帯と同様、困っていることとして家計（38.2%）や仕事（15.4%）が上位に挙げられています。ただし、家計については母子世帯より10ポイント以上も低くなっています。さらに、母子世帯と大きく違うのは、家事（16.1%）や親族の健康・介護（11.6%）を挙げた人の割合が多いことです（母子世帯の場合、家事は2.3%、親族の健康・介護は6.7%）。家事・育児・介護などは、人々が心身を良好な状態を保って生きるために必要とされるケアと呼ばれるものですが、父子世帯の方がこうした役割をどのように提供すればよいのか、より困っている様子が見て取れます。

　これと関連して、困ったときに相談相手がいるかどうか尋ねたところ、母子世帯では8割が「いる」と答えたのに対し、父子世帯で「いる」と答えた人は5割程度でした。父子世帯では、母子世帯よりもサポート・ネットワークが脆弱で、ケアの提供だけでなくケアを受けるという点でも、困難な状況にあることがうかがえます。

　では、母子世帯・父子世帯が抱えている問題はなぜ引き起こさ

れ、どのようにしたら乗り越えていくことができるのでしょうか。最後にこの点について、考えていきたいと思います。

Step 5　ワーク・ライフ・バランスを実現するために

　母子世帯は主に経済面で、父子世帯は主にケア面で特に困っているという問題は、別々のものではありません。このことを考える上で役に立つのが「有償労働」と「無償労働」という一対の概念です。有償労働とは金銭的な対価を得られる労働であり、無償労働とは金銭的な対価を受け取ることのない労働を意味します。後者を「労働」と呼ぶのは違和感があるかもしれませんが、それこそがこの一対の概念の重要なポイントです。通常私たちが労働という言葉を使うのは、賃金などが得られる前者の有償労働だけですが、無償で行われる家事や育児もまた労働であり、しかも人間の生活を成り立たせ、社会を存続させていくのに不可欠のものです。にもかかわらず労働とみなされていない後者に対し、労働という概念を拡張したところに有償労働と無償労働という対概念の意味があります。実際、家事や育児などが重要な労働であることは、家事や育児が家事代行サービスや保育サービスなどの家庭外の労働力に託されると、お金の払われる有償労働になる、という点によく表れています。その意味では無償労働とは、本来対価が必要な労働に対価が与えられていないものといえます。そして、その無償労働をほとんど一手に担ってきたのは家庭内の女性です。こうした事態を批判して、フェミニズムの論者たちは無償労働のことを「不払い労働」とも呼びました。

　Step 4で就業形態や賃金における男女格差を確認しましたが、こうした有償労働における男女間の格差は、家事や子育てなどの無償労働のありようと密接に関わっています。I. イリイチは無償労働を「シャドウ・ワーク」と名付け、産業社会が数多くのシャドウ・ワークによって支えられていることを指摘しました。経済全体の仕組み自体がシャドウ・ワークを含んで成り立っているにもかかわらず、

それが経済活動とはみなされず、主に女性が無償で担わされている結果、有償労働では女性が不利な立場に置かれ、男性が優遇されるという男女格差が生み出されているといえます。

国連の『人間開発報告書1995』[15]では、有償労働時間と無償労働時間の合計を仕事時間として把握することで、次のような実態を示しています。①仕事時間のうち、半分以上を女性が担っている、②男性の仕事の3/4が有給だが、女性は1/3に過ぎない、③その結果、女性の経済的貢献が過小評価されている、などです。こうした状況は、今でもそれほど変化していないことが、2015年の報告書からもわかります（仕事全体に占める割合：女性52%、男性48%）[16]。

日本においても同様の状況が見られます。図表7-3は、6歳未満の子どもを持つ男女について、1日の有償労働（仕事や通勤時間など）と無償労働（家事、介護・看護、育児、買い物など）を尋ねたものです。ふたり親の場合には、妻の就業の有無別に分けています。ひとり親の場合には就業の有無で分けていませんが、Step 4で確認したように、ひとり親の場合には男女ともにほぼ9割が就業していることから就業者とみなしても差し支えないでしょう。ではこのグラフから何がいえるでしょうか。

15）国連開発計画（1995）「人間開発報告書1995」（http://www.undp.or.jp/HDR_J/HDR_light_1995_Japanese_Version.pdf）

16）国連開発計画（2015）「人間開発報告書2015」（https://www.jp.undp.org/content/dam/tokyo/docs/Publications/HDR/2015/UNDP_Tok_HDROverview_20151214.pdf）

図表7-3　有償労働（仕事）と無償労働（家庭）の生活時間

□仕事　□家庭

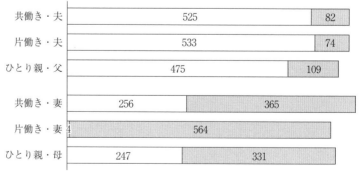

出典）総務省（2017）「平成28年社会生活基本調査——生活時間に関する結果　結果の概要」（https://www.stat.go.jp/data/shakai/2016/pdf/gaiyou2.pdf）より筆者作成。

　まず女性に関しては、①無償労働が集中し、②共働きの妻とひとり親の母で生活時間の構造が似ている、つまり夫がいてもいなくても、妻は有償労働と無償労働の両方に同じくらい多くの時間を当てねばならない、③男性を含めても、有償労働と無償労働を合わせた総労働時間は、共働きの妻が最長である、などが読み取れます。女性たちはひとり親であるか否かにかかわらず、日々の暮らしの中で孤軍奮闘していることが推察されます。

　では男性についてはどうでしょうか。ふたり親の夫の場合、妻が働いていてもいなくても、無償労働の時間はとても短く、有償労働の時間が大幅に長くなっています。男性は「稼ぎ手」役割を期待され、遂行していることが読み取れます。近年、子育てに積極的に関わる男性を「イクメン」と呼び、ワーク・ライフ・バランスを図る男性像・父親像が広がりつつありますが、その実情はせいぜい子育てへの「参加」にとどまり、とても「ともにかかわる」ところまでは到達していない様子がうかがえます。たとえ夫自身が家事や子育てにかかわりたいと思っても、実際には有償労働しかしていないといっても過言ではありません。

　ふたり親の夫と比べると、ひとり親の父親の場合には、ケア役割を担う必要があることから、無償労働の時間は多少長くなっています。しかし、ひとり親の母親と比較すると、有償労働の時間が長く、無償労働の時間は随分短くなっています。ひとり親の父親の場合、親との同居率が高く（父子世帯44.2％、母子世帯27.7％）、手助けをしてもらえる頻度も高いといわれます。それでも、家事や子育てに苦労し、それを相談する相手にも乏しい状況に置かれるなど、ケア面で苦労している様子を Step 4 で確認しました。

　このように見てくると、離婚によって現れてくる問題——母子世帯は主に経済面で、父子世帯は主にケア面で特に困っているという問題——とは、次のような現象だといえます。現代の日本では、結婚をしているときから、夫は主に有償労働を担い、妻はたとえ有償労働をしていたとしても無償労働を主に担っています。それゆえ離

婚とは、これまで性別役割分業の片方を担っていた担当者がいなくなってしまうことを意味することになり、女性にとってはお金の問題、男性にとってはケアの問題があからさまになってきます。つまり、現代日本の結婚生活を特徴づけている性別役割分業が、離婚したとたんに問題化し、両方の役割を一人で担うことの困難さに父親・母親ともに直面せざるをえなくなるというわけです。

　そうであれば、離婚において現れてくる危機とは、離婚それ自体にあるというよりも、「男は仕事、女は家事・育児」という性別役割分業が広く浸透し、それぞれの人々において仕事と生活のアンバランスさ（ワーク・ライフ・アンバランス）が見られるという、日本社会のあり方に由来する現象であるといえます。

　実際日本では、「男は仕事、女は家事・育児」という性別役割分業を強化するような政策が、とりわけ1980年代以降、推し進められてきました。たとえば、1970年代半ば以降、女性の就業率が上昇し始めたにもかかわらず、1980年代には、夫を主たる稼ぎ手（扶養者）にして妻を被扶養者の立場に置く、「男性稼ぎ型モデル」を強化するような税制や社会保障改革が進められました。具体的には、配偶者手当などの福利制度や、配偶者控除などの優遇税制、健康保険や年金などの社会保障制度などです。その結果、夫に扶養される範囲内で妻が働くほうが世帯として有利になるようになり、女性たちも優遇を受けられる限度額で働くよう水路付けられてきました。

　しかし、こうした「標準家族モデル」（＝「男性稼ぎ型モデル」）を政策的に強力に推進し始めた1980年代以降、皮肉にも「標準家族モデル」に当てはまらない「非標準家族モデル」の家族が増えていきます。離婚率の上昇によるひとり親世帯の増加もその一例といえるでしょう。ひとり親世帯の母親や父親は「非標準家族モデル」ゆえの不利益や矛盾に直面することになり、離婚による困難も増幅されてきているように思われます。

　高い離婚率自体は、今後もなかなか変わらないかもしれません。しかし、離婚すると大きな危機に陥ってしまうという日本社会のあ

り方は、変えていくことができるし、むしろ変えていかなくてはならない問題です。なぜなら、ひとり親の母親・父親が直面しているワーク・ライフ・アンバランスの困難を解決していくことは、ふたり親の母親・父親にとっても暮らしやすい社会をつくることにつながるからです。より良いワーク・ライフ・バランスを実現していくには、現代の日本で多くの人々が抱えるワーク・ライフ・アンバランスを見直して、一人ひとりが、安心して子どもを養育するための時間や資源をもっと手にしていく仕組みをつくりあげていく必要があるでしょう。離婚した人々が陥る危機を多少とも解消していくことは、誰にとっても暮らしやすい社会をつくることにつながっていくのではないでしょうか。

Step 6　自分でやってみよう！

　ひとり親が暮らしやすい社会にしていくために、あなたは社会にどのような制度や仕組みがあったらよいと思いますか。あるいは、どのような制度は改善されるべきだと考えますか。

【参考文献】

浅倉むつ子（2002）「男女雇用機会均等法」井上輝子ほか編『岩波　女性学事典』岩波書店：558頁

岩井紀子（1997）「離婚」石川実編『現代家族の社会学』有斐閣：126-139頁

落合恵美子（2004）『21世紀家族へ　第3版』有斐閣

高木侃（2014）『三くだり半と縁切寺』吉川弘文館

坪内良博・坪内玲子（1970）『離婚』創文社

大和礼子（2015）「結婚」岩間暁子・大和礼子・田間泰子『問いからはじめる家族社会学』有斐閣：77-107頁

湯沢雍彦（2005）『明治の結婚――明治の離婚』角川学芸出版

8章

介　護

▷関連章
9章

■キーコンセプト
社会運動、性別役割分業、潜在的社会問題、超高齢社会

Step 1　「介護」ってどんなイメージ？

　「介護」と聞いて、どんなイメージが浮かびますか。ニュースでは、介護などの福祉予算が若い世代にのしかかっていることがよく話題に取り上げられています。介護士が人手不足にもかかわらず、低賃金であることが問題になっていることも知っているかもしれません。友だちが介護士になったり、介護の専門学校に通っていたりしていれば、そうした実情にも実感があるでしょう。自分の親が介護の問題に直面してれば、その大変さもよくわかることでしょう。もし自分自身が、介護に関わったり、手伝ったりしていれば、さらに具体的なイメージを持っているに違いありません。

　その一方で、介護は、自分には関係のない縁遠いことだと思っている人も少なくないかもしれません。いずれにせよ介護を身近に感じる人でも、そうでない人でも、介護には「大変そう」「しんどそう」といったイメージがつきまとっているのではないでしょうか。そんな介護ですが、現代社会で生きるほとんどの人は、もはや介護と無縁に生きることはできません。一体いつから、そしてなぜ、介護は私たちにとって重要な「問題」となっていったのでしょうか。その背景としての社会の変化、さらに「介護」をどう捉えるかという私たちの認識の仕方について、ここでは考えていきましょう。

Step 2　考えてみよう！

【質問】どういう場合に介護が必要になり、そのとき介護をするのは誰で
しょうか？　できるだけたくさんのケースを挙げてみましょう。

【アイデア交換】ノートに書いた考えをほかの人と共有してみましょう。

Step 3　介護に直面する超高齢社会

　さて介護が必要となるのは、どういう状況だと想像しましたか？
怪我や病気で一時的に介護が必要になることもあれば、障がいのた
めに介護が必要な場合もあるでしょう。またどんなに健康な人で
も、老いとともに身体機能が低下し、介護が必要になる可能性は十
分あります。実際のところ、この社会で暮らすほとんどの人にとっ
て、介護というのはいずれ直面せざるをえない現実的な問題となっ
ています。図表8-1を見て下さい。
　この図を見てどんなことに気がつくでしょうか。まず大きな特徴
として、1950年以降、男女ともに平均寿命が急速に延びていること
が挙げられます。1950年に女性61.5歳、男性では58歳だった平均寿
命は、2016年には男女ともに80歳以上にまで延びています。[1] もっと
長期のスパンで見ると劇的な変化がさらにはっきりとわかります。[2]
明治中期の平均寿命は40歳代前半にしか過ぎず、各年齢での死亡率
は今よりはるかに高いものでした。明治期に70歳まで生存している
人は、4人に1人くらいと意外にも高い割合でしたが、この年

1）日本は世界的
にも長寿国である
ことはよく知られ
ているところで
す。平均寿命の世
界ランキングを調
べてみましょう。

2）仁科（2019）
の図表8「年齢別
生存率」をみる
と、各年齢での死
亡率の変化がよく
わかります。

図表 8-1　平均寿命の推移と将来推計

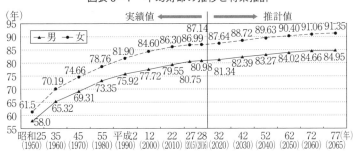

(注)　1970年以前は沖縄県を除く値である。0歳の平均余命が「平均寿命」である。
出典)　内閣府（2018）「平成30年版高齢社会白書」（https://www8.cao.go.jp/kourei/whitepaper/
index-w.html）より。

齢層を超えると急激に死亡率が上昇し、80代を迎えられるのは 1 割
ほど、90歳以上まで生きられる人はわずか 1 ％程度でした。これに
比べて現代（2017年時点）では、70歳まで生きられる人は 9 割近く、
80歳を超える人が 7 割以上、90歳を迎えられる人は 4 割近くまで増
えています。

　長寿化は高齢化が進展する大きな要因です。平均寿命が延びると
いうのは、より多くの人がより長生きするようになることを意味
し、その結果人口に占める高齢者の割合が増加します。これを高齢
化と呼びます。厚労省の推計によれば、1868（明治元）年の高齢化
率（65歳以上の高齢者の人口比率）は5.76％であり、その後も相当期
間 5 ％台が続いています。しかし、1950年以降高齢化率は上昇し始
め、2014年には25％を超えています。長寿化とともにいかに高齢化
が進んだか、現代日本がなぜ超高齢社会と呼ばれるのか、よくわか
ります。人口のうち、20人に 1 人くらいしかいなかった高齢者が、
今では 4 人に 1 人なのですから。

　しかし、平均寿命が延びたといっても、高齢になるほど体の自由
が利かなくなり、病気も増え、日常生活での介護が必要になっても
きます。そのため、平均寿命とは別に、日常生活に制限なく活動で
きる年齢を意味する「健康寿命[3]」という指標が考えられました。た

3）健康寿命につ
いては、公益財団
法人生命保険文化
センターHP参照。

とえば2016年での女性の平均寿命は87.14歳ですが、健康寿命は74.79歳です。この平均寿命と健康寿命の差が、「健康ではない」期間、つまり日常生活に制限があって、何らかの介護が必要となる期間で、現在の日本女性の場合、それは12年以上にもおよぶことになります。[4] 平均寿命の短かった時代では、介護を必要とする人も、その期間も限られたものでしたが、現代の超高齢社会では、介護を受けることなく死を迎えるというのはむしろまれなことで、ほとんどの人が介護というものにいずれ直面することになります。そして平均寿命が長くなった分、介護が必要となる期間も長くなっています。これは介護の負担が、平均寿命の延びとともに増大していることを示唆しています。介護を身近に感じようとそうでなかろうと、超高齢社会を生きる現代の私たちにとって、介護は切実な人生の課題とならざるをえなくなっていったのです。

Step 4　介護を担うのは誰か

　年老いた高齢者に介護が必要になるというのは、近代化以前の伝統的社会においてもありうることでした。ただ介護を必要とする人の数や期間は大きく変化してきました。そして介護を受ける人がいれば、もう一方には介護を担う人がいます。介護を誰が、どのように担う（べき）かということも、当然ながら、時代とともに大きく変化してきています。

　たとえば、江戸時代にはすでに介護問題の萌芽があり、幕府や藩の役を務める武士は、「介護断（ことわり）」や「介護暇（いとま）」などのような形で介護休暇を取ることが広く認められていたことが知られています。[5] これは、武士に公的な休暇がなく、家族の看病や介護のために、勤務を休む必要があったことから生まれた制度です。また、特に父母の介護や看取りは、幕府や藩によって推奨される「孝」という儒教道徳の重要な実践でもありました。孝には、将軍や藩主に対する「忠」と同様に、高い価値が認められていました。さらに、武家の当主

4）男性の健康寿命は何歳なのかも調べてみましょう。

5）柳谷（2011）。

は、家長として家の維持・存続、家族の監督や扶養に責任を負っていたため、高齢者の介護についても、男性の当主が全体の指揮をとり、医者の選択、投薬、介助する者の選定、費用の算段などを行うとともに、自らも介護や看取りに携わっていました。武家だけでなく、農家、商家、職人の家でも、年老いた者の扶養と介護は、家長以下の家族や奉公人（財力のある家の場合）、親族が行っていました。幕府や藩は、身寄りのない老人の介護については、五人組や近隣の共同体に期待しました。

　明治期になっても、介護は家でなすべきものとされ、戸主や家族、親族が介護に携わりました。しかし同時に、近代国家の体裁を整えるために、最低限度のセーフティネットも整備されました。その一つが、1874年に明治政府が救貧策として制定した恤救規則です。家族扶養や人々の相互扶助を大前提とし、その上で何らの救済も期待されない極貧の無縁者で、重病老衰のため労働能力がない70歳以上の者など、ごく限られたものに対しては、国費による最低限度の救済が行われたのです。1920年代には、社会福祉事業が整備され始め、健康保険法（1922年）、救護法（1929年）、国民健康保険法（1938年）などが制定されました。このうち、恤救規則にかわって制定された救護法では、その対象者として65歳以上の老衰者が含まれるなど、高齢者の救済について公的な制度も用意されていきました。しかしこれらの制度は、あくまでも社会の最底辺に置かれた貧窮者に対するもので、老衰者の扶養は家族や親族、近隣共同体が、その主体となって担われるものとされていました。

　しかし介護を家族によって担わせるということは、高齢になるほど人口が減っていく社会、つまり介護をする人に対して、介護を受ける人の数が相対的にかなり少ない時代であったから可能だったことです。戦後になって、医療技術の進歩と公衆衛生の普及、栄養状態の改善などにより、平均寿命が延び、高齢化が進んでいくと、介護をめぐる状況はめまぐるしく変化していきました。高齢化率は上昇し続け、少子化が進んだ結果、介護の担い手となる若年層は全体

として減少し、高齢層との数のバランスが逆転します。さらに産業
化の進展が、地方の若年層を都市部へと流出させ、老親の介護の担
い手を提供する地縁血縁共同体がみるみる弱体化していきました。
ほかにも、共働き世帯の増加、離婚率の上昇、単身世帯（特に一人
暮らしの高齢者）の増加など、新たな社会変化とともに、介護の家
庭内への閉じ込めは維持しがたくなります。

　1963年には老人福祉法が制定されて、養護老人ホームや特別養護
老人ホームなどが整備されていきました。しかし、養護老人ホーム
は、心身の故障、住宅事情、家族関係のために、家族との生活が困
難で、しかも貧困な老人を対象としており、入所措置が行われる条
件は厳しく定められていました。また、特別養護老人ホームは、身
体上／精神上の著しい障がいがあるため常時の介護を必要とし、そ
の介護を居宅で受けられない者の施設で、その数は需要に追い付き
ませんでした。

　近年、徐々にではありますが、介護は家族や親族だけでなく、さ
まざまな介護施設の職員によっても担われるようになりました。政
府は、介護保険の制度を立てる前から、介護の専門家を養成し、そ
の専門家たちに介護を担わせるというやり方を始めました。1987年
には、介護福祉士が国家資格として定められ、養成施設となる学校
も設立されました。資格を取得して、介護福祉士になった人を含め
て、多くの人が介護の現場で働くようになりました。図表8-2
は、介護を必要とする要介護者の数と、介護サービスの提供者であ
る介護職員の数をグラフにしたものです。

　図表8-2の一番左端の2000（平成12）年は介護保険法が施行され
た年です。介護保険制度によって、家族がいれば家族がするものと
されてきた高齢者の介護は、公的な保険制度によってカバーされる
ものとなりました。つまり、介護保険によって、年金などある程度
収入のある高齢者は、子どもの金銭援助に頼らなくても、年金や貯
金の範囲内で介護サービスが受けられるようになり、家族介護者は
さまざまな公的支援によって、介護から解放される時間が持てるよ

図表8-2　介護職員数の推移

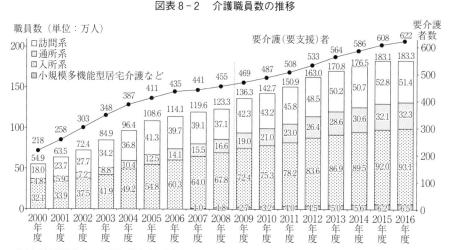

出典）厚生労働省（2018）「第7期介護保険事業計画に基づく介護人材の必要数について　別紙3」（https://www.mhlw.go.jp/stf/houdou/0000207323.html）から筆者作成。

うになりました。この制度の施行後、要介護者は増加していますが、それに対応するかのように介護職員数も増えているのがわかります。2016年にはどちらの数も3倍ほどになっています。

　別のデータを見ると、介護福祉士の資格登録者数も伸びており、同じ期間にこれ以上に増えています[6]。ところが、介護職についているのは実は半分強しかおらず、残りの人は資格は持っていても介護職についていません。また介護職の離職率は、一貫して全産業平均を上回って高い状況が続いています。この背景には介護士の賃金が低い上に、重労働の現場が多く、休みがとりにくいなどの事情があります。介護職が低賃金なのは、介護サービスの価格を決める政府が、財政負担を考慮して、介護サービスの価格を低く抑えていることなどが考えられます[7]。こうして介護職員が介護職に真摯に取り組んでも、報われることが少ないという事態になっています。

　このように介護の担い手は社会のあり方とともに変化してきました。その社会の変化とは、Step 3で見たような人口動態上の変化だけでなく、ここで見てきたような社会の価値観の変化や、それらを

6）第11回社会保障審議会福祉部会福祉人材確保専門委員会　石本委員提出資料、2017「求められる役割に適切に対応できる介護福祉士の育成方策」。

7）一般にそれまで家庭内で主に女性によって無償で行われていた労働が有償化された際には、賃金が低く抑えられてしまう傾向があります。

背景にした制度の変化が含まれます。とりわけ戦後の高度成長期以降、社会の変化が加速し、それにつれて介護のあり方も急速に変わっているわけです。こうしたことを考えれば、介護が誰によってどのように担われるかということは、決して個々の家族の私的な問題にとどまるものではなく、社会全体の動きと深く関わっていることがよくわかるでしょう。

Step 5　　介護という潜在的社会問題の顕在化

　ドイツやイギリスなどの西洋諸国は、資本主義の発展に伴うさまざまな生活上のリスクに対応するために、19世紀の末葉以降、社会保障（福祉）や社会保険（労災保険、年金、医療保険など）を整備していきました。日本ではこれらの態勢が整えられるのは戦後のことです。しかし介護についていえば、介護保険の制度化は2000年になってからで、日本の高齢化が歴史的にもまれなスピードで進展したことを考えれば、かなり遅かったといえるでしょう。

　そして遅かったのにも理由があります。高齢化によって、以前よりもずっと多くの人にかなり長期間にわたる介護が必要となりましたが、その「事実」だけで、それに対応する制度が形成されるほど、社会は単純な因果関係で動いてはいません。後世の人間には、必然的で当然と見えることであっても、リスクや社会問題への対応は、人口統計上の数値の変化によって直接決まるものではありません。高齢化という人口動態の急激な変化は、介護という問題への社会的な対応の背景を成すいわば必要条件ではあっても、十分条件ではないのです。

　そもそも、存在しているリスクや問題が、私的なものでも取るに足りないものでもなく、重大な「社会問題」であるとみなされなければ、社会全体で対策は立てられません。そして、客観的に何が社会問題かという事実の次元と、人々の主観として何が社会問題とみなされるかという社会的認知の次元は、常に一致しているわけでは

なく、むしろズレていることが多々あるものです。

　アメリカの社会学者 R. マートンは、主観的側面と客観的側面という二つの軸を立て、こうしたズレを理論化しました。この二つの軸からは四つの類型が導き出されますが、そのうち主観的側面から見ても客観的側面から見ても社会問題が存在しない場合は、問題のない状態とされます。通常、社会問題とみなされるのは、主観的側面と客観的側面が一致する場合だけで、マートンはこれを「顕在的社会問題」と呼びました。[8]　そして主観的側面と客観的側面という二つの軸を立てることで炙り出される、残りの二つの類型こそがマートンの分析の眼目となります。

　客観的側面からは社会問題が存在しないはずなのに、主観的側面からは社会問題が存在していると認識される、いささか奇妙に思える状態を、マートンは「空騒ぎ」と呼びます。少年犯罪の「凶悪化」はこの空騒ぎの格好の例です。近年、日本では、凶悪な少年犯罪がセンセーショナルに報道され、それに対応するように少年犯罪の厳罰化も進んでいます。しかし、統計の客観的な数値では、1980年代以降、少年犯罪の件数は右肩下がりに減少しており、少年による凶悪犯罪に至っては1960年代がピークで、それ以降は件数が急減しています。

　介護という問題を理解するために重要になってくるのが、最後に残った「潜在的社会問題」という類型です。これは客観的な側面から見て社会問題が存在しているのに、人々がそれを社会問題だと認識していないという状態です。介護が主観的にも問題だと認識され、顕在的社会問題に移行していくのに重要な役割を果たしたのがメディアと社会運動でした。

　まず日本では、介護はメディアによって報道されることで、たくさんの人々の関心を呼ぶ社会問題となっていきました。それが、寝たきり老人の「発見」です。「寝たきり老人」という言葉をはじめて使ったとされる社会福祉協議会（以下「社協」）の調査[9]をきっかけに、この問題は、各種報道機関によって大々的にとり上げられ、

8）マートン（1957 -67＝2005）。ここでの整理の仕方は、徳岡（1997）に依拠している。

9）東京社会福祉協議会は1967年に「家庭内寝たきり老人実態調査」を行い、翌年には全国社会福祉協議会がそれを取り上げて、全国レベルでの調査を行いました。くわしくは黒岩（1999）を参照のこと。

94

1968年9月14日の朝日新聞は「長寿嘆く20万人寝たきり老人」というタイトルをつけて報じました。これにより、全国に寝たきりの高齢者がたくさん存在し、介護する家族がさまざまな困難を抱えていることが知れ渡ったのです。寝たきり老人の介護はインパクトを持つ問題としてクローズアップされ、1969年には厚生白書で取り上げられ、「寝たきり老人対策事業」がスタートします。

　政府の主な対策は、さまざまな医療・福祉の専門家を有し、介護ニーズに対応できる特別養護老人ホーム（特養）の収容人数を増やすことでしたが、特養を急激に増やしたにもかかわらず、施設の収容人数はまったく足りず、それに代わって病院が寝たきり老人を引き受けました。しかし、本来治療と看護の場でしかない病院に、介護という長期的なニーズをもつ寝たきり老人を収容し続けることは、問題をはらみます。これが「老人病院」や高齢者の「社会的入院」として報じられた社会問題です。寝たきり老人が病院で置かれている劣悪な状況を書き立てる記事やルポが1970年代から80年代にかけて次々と世に出されました。それらは、単に寝たきり老人が悲惨な境遇にあるということを描き出すだけでなく、先進的なスウェーデンでの介護状況を比較軸とすることで、「寝たきりは寝かせきり」という介護の側の問題を取り上げ、この問題の社会問題としての様相を明らかにするものでした。

　もう一つ重要なのが社会運動です。社会運動として介護という社会問題の顕在化に大きな役割を果たしたのが「高齢化社会をよくする女性の会」（以下女性の会）でした。女性の会は、1987年に介護する家族の視点からの調査を行い、在宅の認知症患者がいかに家族の介護に依存しているか明らかにしました。こうした調査が示しているように、女性の会は、主に家庭内の女性に押し付けられてきた介護問題を、当の女性の立場から異議申し立てを行うという主旨の下、1983年に発足した団体です。女性の会は、介護問題に関する大きなシンポジウムを開催したり、厚生省に提言をしたりと、介護問題を顕在化するために積極的に活動しました。女性の会代表の樋口

10）万（2014）。

11）特養の収容人数は1978年の6万2000人から1986年の12万6000人に8年間で倍以上に増えましたが、同期間に、病院の収容する寝たきり老人の数は5万人弱から25万人へと5倍以上も増えたのです。背景には、1973年に70歳以上の高齢者の医療費が無料化された際に、寝たきり老人に対しては65歳以上と水準が切り下げられたことがあります。

12）当時書かれたルポの中でも大熊（1981）は非常に有名です。他に大熊（1990）もあります。

13）他にも「呆け老人をかかえる家族の会」などの活動によって、認知症の問題が、広く知られるようになりました。

14）在宅老人福祉施策に関する調査。

恵子は、介護保険の骨格を構想・提言した「高齢者介護・自立支援システム研究会」のメンバーとして、介護保険の制度設計に関わった「医療保険福祉審議会」老人保健福祉部会委員として政策立案に携わることで、また女性の会に加えて「介護の社会化を進める一万人市民委員会」の代表として市民運動を盛り上げることによって、介護保険の立ち上げに深く関わっていきます。さらに女性の会からは、100人以上の地方・国会議員が誕生し、強い政治的リーダーシップを発揮していきました。

　女性の会は、「ユーモアを忘れずに」「政治家や男性を味方にする」のが「お家芸」といわれます。この会の異議申し立ての巧みさは、代表の樋口恵子が厚生白書の「含み資産」という表現を「日本社会の含み損」と言い換えて、反対したことによく表れています。女性を家庭内に閉じ込めることで介護の担い手を得るという発想に対して、女性という重要な労働力を失うというネガティブな側面を強調したわけです。つまり、樋口は「敵」の使う影響力のある言葉に直接的に反論するのではなく、それを流用し、言葉巧みに意味を逆転させることによって、それ以上にメディアに取り上げられやすく、口上にのぼりやすいキャッチフレーズとしたのです。このように、さまざまな角度から展開された女性の会の異議申し立ては、介護の社会化を今あるような方向に進める推進力の中でもひときわ大きなものだったといえます。

　社会運動は、潜在的な社会問題が政府や制度によって十分に対応されていない、あるいは社会問題を政府や制度が隠蔽したり、作り出したりさえしているときに、そうした抑圧的な社会構造を変革しようとする人々によって動員されるものです。彼らの異議申し立てによって社会問題がクローズアップされ、社会問題の解決に向けて社会が動かされるわけです。[15]

　これからも私たちが直面することとなるさまざまな問題は、社会の変化とともに変わり、それにどう対応していくかを問われることとなるでしょう。しかし、そうした問題にある社会的背景と要因と

15）こうした異議申し立てによる社会問題の顕在化を社会学では「社会問題の構築」と呼びます。

に目を向けることで、「個人」的なこととして経験された問題を、「社会」的問題として構築し直すことが可能になっていきます。

Step 6　自分でやってみよう！

　何か自分の関心を引く社会問題を一つ選び、それが顕在化した理由を調べて考えてみましょう。

【参考文献】

大熊一夫（1981）『ルポ・精神病棟』朝日新聞社

大熊由紀子（1990）『「寝たきり老人」のいる国いない国──真の豊かさへの挑戦』ぶどう社

黒岩亮子（1999）「「一人暮らしの高齢者」の「社会問題化」のプロセス──東京都社会福祉協議会のクレイム申し立て活動を中心に」『社会福祉』（40）（日本女子大学社会福祉学科）

徳岡秀雄（1997）『社会病理を考える』世界思想社

仁科幸一（2019）「「人生百年時代」を検証する」『みずほ情報総研レポート』Vol.18

ロバート・K・マートン（1957-67＝2005）「社会問題と社会学理論」同『社会理論と機能分析』森東吾・金沢実・森好夫訳、青木書店

柳谷慶子（2011）『江戸時代の老いと看取り』山川出版社

万琳静（2014）「日本における「寝たきり老人」の社会福祉の「対象化」のプロセス──中日高齢者介護制度の比較を問題意識に」『社会福祉』（55）（日本女子大学社会福祉学科）

9 章

死　　別

▷関連章
8章

■キーコンセプト
医療化／脱医療化、スピリチュアルケア、ホスピス

Step 1　あなたは死について考えたことがありますか？

　私たちにとって、死は怖いもの、遠ざけたいものになっています。しかし、いかなる人も、死から逃れることはできません。かけがえのない人との死別を余儀なくされることも起こります。

　死別は、悲痛な個人的体験であるとともに、社会的な出来事でもあります。私たちは、家族、親族、友人として、さまざまな関係を結びながら、死にゆく人を看取ります。医師や看護師、ケアスタッフも看取りをします。看取る人は、死にゆく人の苦痛、感情、態度に影響され、逆に死にゆく人に精神的身体的な影響を与えます。死にゆく人は、看取りをする人と関わり合いながら、自らの生や死に思いをめぐらして死を迎えます。

　死別の過程にはもともと、宗教者が深く関わっていましたが、現在では、葬儀は別として、医師や医療スタッフが長くまた深く関与するようになっています。終末期の医療の高度な発達は、長期間の延命を可能にすると同時に、過剰な医療の抑制と終末期の生の質の向上を求める運動を引き起こしています。

　本章では、日本における死別の歴史に触れた上で、医療との関係を中心にして、現代の死別に関する問題を描いてみましょう。

Step 2　考えてみよう！

【質問】あなたが死を迎えるとき、どこで誰に看取られたいですか。具体的に想像してみて下さい。

【アイデア交換】なぜ、そう思ったのかもみんなで共有しましょう。

Step 3　死亡場所の変化の歴史

　Step 2 では、どのような答えがありましたか。自宅で家族に、病院で家族に、などさまざまな答えがあったことでしょう。では、日本人は、実際には、どこで亡くなっているでしょうか。図表9-1 は、死亡場所の年次推移を示したものです。これによると、2017年の死亡場所は、病院・診療所が7割以上、介護老人保健施設・老人ホームが1割で、合わせて8割以上が自宅外になっています。これに対して、自宅死は13.2％で、現代の私たちにとっては、病院で死ぬことが「当たり前」になっているといえます。これは、1951年の、自宅死が8割を超え、病院・診療所での死亡は1割程度というデータとは、逆になっています。死亡場所の変化は、死別のあり方が大きく変わったことの一端を示しています。

　しかし、歴史的に見れば病院で死ぬことはもちろん、自宅で死を迎えることも、決して当たり前のことではありませんでした。たとえば、病気になったときに、どのように扱われるかは、身分や経済力によって、大きく異なっていました。古代や中世においては、天皇や皇族、有力貴族、将軍や武将などの支配層は、病になると、官

1）これは現代社会においても当てはまります。医療費が払えずに病院に行けない人の存在、経済格差による治療機会の不平等などは、21世紀の日本においても大きな社会問題になっています。

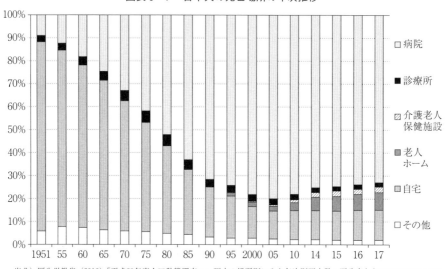

図表 9-1　日本人の死亡場所の年次推移

出典）厚生労働省（2018）「平成29年度人口動態調査——死亡の場所別にみた年次別死亡数・百分率」（https://www.e-stat.
go.jp/stat-search/database?page＝1 &layout=dataset&toukei=00450011&statdisp_id=0003214716）

医や民間医を呼んだり、僧や陰陽師などに呪法を行わせたりしてい
ます。一方で、貧しい庶民や下層民は、重い病気になると死を待つ
ばかりでした。特に下層の奉公人の中には、重病になると、路傍、
河原、山などに捨てられ、そこで死ぬ人も多くいました。[2] また、病
気だけでなく、戦（いくさ）、飢饉、災害によっても、多くの人が死にまし
た。自宅で家族に看取られながら、安らかに死ぬということは、現
代の私たちが考える以上に、幸運なことだったのかもしれません。
　戦国の世を平定した徳川幕府の時代になると、ようやく人々の生
活が安定してきます。治水灌漑事業によって耕作地が急増し、農業
技術も高くなって、生産力が上昇しました。庶民は小規模な家族の
単位で、生活できるようになりました。ある程度経済力のある武
士、商人、農民などは、家族が病気になると医師を呼び、治療を受
けさせています。[3] 家族がいない貧民や流民は別として、庶民も家
で、家族に看取られて死ねるようになりました。

2）新村（1989）。

3）深谷（2014）。
一茶（1992）。

　明治維新後、政府は西洋医学を全面的に導入し、西洋式の中央集権的な医療行政を始めました。家族の死亡時には、資格を持つ医師が書いた死亡届を、役所に提出しなければならなくなり、臨終に際しては、医師が呼ばれるようになりました。[4] ただし、明治になっても、すべての人が、西洋医学の治療を受けたわけではありません。医師は都市部に偏り、経済力がなければ、病気になってもなかなか医療を受けられませんでした。病院で死亡するのは、伝染病の入院患者や手術を受ける患者などで、家で家族に看取られて死ぬのが一般的でした。

　家で誰かが亡くなれば、地縁血縁関係のある人々によって、葬儀が執り行われました。近所の女性たちがお通夜やお葬式のための料理を準備し、縁者がお葬式を行いました。そして棺を担いで墓場まで運ぶ、野辺送りの光景が見られました。昭和初期までは、乳幼児や子どもの死亡率が高く、戦争による戦死者も増えてゆきました。人々は、幼い頃からさまざまな世代の人との死別を経験し、[5] 多くの人にとって、死は今よりもはるかに身近で、生の中に織り込まれていたものでした。[6]

　戦後、医療技術が急速に進歩し、さまざまな特効薬が開発され、病院に行って治療するのが当たり前になりました。制度面で重要なのは、1961年に医療の国民皆保険制度が実現したことです。1973年には、一定の所得制限の下、70歳以上の高齢者の医療費が無料化されもしました（後に廃止）。医療が高度化し、受けやすくなったことによって、以前なら死を待つほかなかった病気の治療も可能になりました。それは自宅での治療ではなくて、入院しての治療生活を前提とすることにもつながりました。そのため容態が悪化して、そのまま病院で死を迎えることも多くなっていきます。図表9-1をもう一度見直して下さい。医療保険などが整備されていった1970年代から80年代にかけて、病院死と自宅死の割合が逆転していったことがわかります。

　大半の人が病院で死ぬ現代に生きる私たちは、日常生活の中で、

4）新村（2001）。

5）五木編（2002）。

6）新村（2001）。
幸田（1955）。

家族や親族の看取りや臨終に接する機会は、ほとんどありません。死に関する知識は失われ、人はいずれ死ぬものだという実感も薄らいでいます。

Step 4　死の医療化

死は人々の日常から切り離されて、病院の中に閉じ込められ、医療の管理下に置かれるようになってきました。社会学では、医療の影響力が増大し、それまで医療の及ばなかった領域が医療の影響下に置かれていく現象を医療化と呼びます[7]。この概念は元来、狂気、アルコール依存症、アヘン嗜好、同性愛など、従来逸脱とされてきたものが、医療の対象として再定義される現象を指していました[8]。医療化の概念の適用範囲はその後、逸脱から社会全般に広げられ、道徳、宗教、犯罪、教育、家族などの領域における、従来医療の対象外に属するとみなされてきた現象が、医療の対象として再定義される傾向を意味するようになりました。

医療化と対をなす概念に、脱医療化があります。脱医療化は、医療の対象とみなされてきた現象を、医療の対象ではないと再定義しようとするものです。医療化も脱医療化も、現実に起きている変化を読み取り記述する社会学の概念であるとともに、定義自体を政治的な問題にし、社会運動につなげていこうとする政治的含意を持っています。

医療化や脱医療化の現象は、終末期から死に至る過程にも及ぶようになりました。20世紀後半以来、医学や医療技術の高度な発展によって、さまざまな治療薬や生命維持治療（いわゆる延命治療）[9]の技術が開発され、医療が死別の過程を医学的に管理するようになっています。医療による死別の医学的管理は、「死の医療化」[10]と呼ばれています。死の医療化により、人生の最終段階に達した高齢者の生命維持が可能になるとともに、生命維持医療の是非や人生の終わりの迎え方をめぐって、議論が紛糾するようになっています。

7）進藤（1990）。佐藤（1999）。

8）P. コンラッド／J. W. シュナイダー（1980＝2003）。

9）会田（2011）。

10）市野川（1997-1999）。市野川（2000）。

　生命維持治療としては、心肺蘇生法、人工呼吸器による治療、化学療法、人工透析、抗生物質投与、人工的な栄養・水分補給法などがあります。

　たとえば、人工的栄養・水分補給法は、自力摂食が困難になった患者に、腸や静脈を通じて、栄養を補給する療法で、もともと小児患者のために開発されました。現在よく使われている方法は、腹部に穴をあけて、管で胃に栄養などを補給する胃ろう栄養法です。身体的負担が少ない胃ろう栄養法は、高齢の脳血管障害患者や認知症患者にも使われるようになり、たくさんの人の命を救い、長生きさせました。しかし、他方で、それは以前であれば、自然におとずれていた死を、医療によってコントロールし、治療をやめる＝死ぬことを、患者家族に決断させることにもつながりました。

　このような生命維持治療の発達により、今までの医療現場ではなかったような問題が生じました。その代表が安楽死です。患者が延命を望まない場合、医師は治療を中止してもよいのか（消極的安楽死）、場合によっては致死性の薬品投与のような処置を行ってもよいのか（積極的安楽死）といったことが問題になってきました。

　日本では、1990年代から2000年代にかけて、医師による積極的安楽死や生命維持治療の中止が発覚して、刑事事件になり、大々的に報道されました。[11] 有名なものとして、たとえば、気管支喘息の重積発作になった男性患者（58歳）に施した気管チューブを抜き、その後積極的安楽死の処置を行った医師が、殺人罪で起訴された川崎協同病院事件があります。この事件は1998年に起き、2002年病院が公表した後、医師が起訴され、最高裁判所まで争われました。最高裁判所は、東京高等裁判所の判決を支持し、生命維持治療の中止について、検査が尽くされておらず、余命について的確な判断が下せる状況でなく、さらに家族に対し病状に関する適切な情報が伝えられず、患者の推定意思に基づくともいえないとして医師を有罪としました。

　死の医療化により、意識がなくなっても、また口から食事ができなくなっても、長期間生き続けることができるようになっていま

11）田中・児玉（2017）。

す。患者本人が、意識の明瞭なうちに、事前指示書や家族との話し合いの中で、生命維持治療に関する意思を示していないと、医師や救命隊員、家族に大きな負担がかかります。本人も、生命維持治療を望んでいなかったのに、救急病院に運ばれて、延命されるということも起こります。自らが望む死に方をするためには、意識がはっきりしている間に、意思を明示しておくことが必要な時代になっています。

　積極的安楽死、生命維持治療の開始や中止、生命維持治療により長期間生き続けることの意味、過剰な医療化の是非などをめぐる問題は、医療にとどまらず、刑事司法、生命倫理、死生観、医療経済の問題として、医師、法学者、哲学者、倫理学者、ジャーナリストなどによって、盛んに議論されています。これらの人々に加えて、看護師、患者やその家族、宗教者などの中からも、人生の最終段階における医療を見直すべきだと考え、運動する人々が生まれてきました。Step 5 ではこの運動を取り上げましょう。

12) 小林 (2011)。児玉 (2013)。

Step 5　死の脱医療化：ホスピスとスピリチュアルケア

　終末期の医療の高度化によって、たしかに私たちは以前よりもずっと長く生き続けることができるようになりました。しかし、そうした「死の医療化」とは、言いかえれば「死なないための」医療であり、私たちがどう生きるか、そしてどう死ぬのかは置き去りにされているともいえます。このような死の医療化の進行を危惧し、できるだけ自然で、精神的にも満足できる死を求める運動が起きています。この現象は、前述した脱医療化という概念でとらえることができるものです。したがって、ここで「死の脱医療化」とは、さまざまな延命治療による、過剰な医療化を抑制し、死を迎える終末期を、よりよく生きるための時間とすることを意味します。

　終末期の課題は、生命維持治療、葬儀、墓、財産の処置などのことを考え、意思を伝えておくということだけではありません。これ

13) ただし、これは、終末期には医療とは異なる固有の課題があり、死が迫っているときの行き過ぎた高度医療や生命維持医療を抑制すべきだ、という部分的な脱医療化の主張です。

までの人生や死後のあり方に思いをめぐらし、家族や友人との触れ合いを含めて、残された生を味わうということこそが重要なものです。

　そんな終末期の生の質への問いかけから生まれたのがホスピスです。ホスピスは、終末期の患者を受け入れることに特化した病院で、死の医療化の行き過ぎの抑制と、終末期の生と死の質の向上を目指す脱医療化の運動の一形態です。病院といっても患者の治療だけを目的としているわけではなく、患者の痛みを和らげ、より良い生を全うすることができるような環境を整えるための施設です。

　ホスピスは西欧に起源をもち、キリスト教的な博愛主義を基盤にしていました。中世ヨーロッパのホスピスは、病人だけでなく、貧しい人々、高齢者、巡礼者などに対しても、ケアやもてなしをしました。19世紀半ば以降、フランス、アイルランド、イギリス、オーストラリア、アメリカなどの国々で、終末期の病人のためのホスピスが作られました。[14] 日本では、1973年に、淀川キリスト教病院で、医師、看護師、ソーシャルワーカー、牧師などからなるチームが結成されて、看取りの医療とケアが行われました。[15] 1980年代には、院内独立型や院内病棟型のホスピスが設立され、1990年には、診療報酬として緩和ケア病棟科が新たに認められ、ホスピスケアは公的医療制度に包摂されるようになりました。[16]

　ホスピスの中でも有名なのが、英国の医師のシシリー・ソンダースが、[17] 1967年にロンドン南部で開設した、セント・クリストファー・ホスピスです。ここは、医療・緩和ケアやスピリチュアルケアの提供と、ターミナルケアに関する研究・教育を統合した施設で、全人的なケアを目指しています。全人的というのは、身体的、心理的、社会的、霊（スピリチュアル）的なニーズを考慮するということを意味しています。これは終末期における課題が全人的なものであるからです。つまり、終末期には、身体的な痛みに加え、病気や死に対する怒りや悲しみ、葛藤などの心理的問題が発生し、職業や家庭などにおいてそれまで担っていた役割から離れ、以前の社会関係から切り離されることによる社会的な苦痛も生じ、さらには自己の生と死の意味をめ

14) Lewis (2007).

15) 田中・児玉 (2017)。

16) 厚生労働省は2018年、「人生の最終段階における医療・ケアの決定プロセスに関するガイドライン」(2007年の改訂版)を発表し、医師やその他の医療・ケアスタッフに、死にゆく人の人生の最終段階における生活の質を高める役割を求め、医療・ケアの決定プロセスの基本を定めています。(https://www.mhlw.go.jp/stf/houdou/0000197665.html)

17) S. ドゥブレイ／M. ランキン (1984 = 2016)。

ぐる問いも迫ってくるからです。

　ホスピスが目指す全人的ケアの中には、スピリチュアルケアも含まれています。スピリチュアルケアが重要なのは、死の医療化の中で最も見失われてきた側面だからです。生と死の意味づけの問題に対して、宗教は、唯一あるいは複数の神や仏などへの帰依や、死後の世界に関する教義を説くことで答えを出してきました。近代の世俗化した社会では、そのような答え方自体が徐々に力を持たなくなっています。とりわけ死の医療化においてはこの問題が先鋭化します。医療という実践は、科学的であることが要請されており、病院というものも、医療やさまざまなテクノロジーによって合理的に管理された場所だからです。しかし、医療の科学的合理性は、人の病気を治療するものではあっても、人の生や死に意味を与えるものではありません。ここにスピリチュアルケアが求められる理由があります。スピリチュアルケアは、死を間近にした人々に寄り添い、[18]死の不安を和らげ、自分の人生に満足して死んでゆけるように、手助けをしようとするものです。

　そもそも、いつの時代でも、どのように医療や科学が進歩しようとも、人間は病苦や死からは逃れられません。病で苦しみ、死んでいくのは、心と身体からなる人間の全体です。病苦と死に直面すれば、なぜこれほど苦しまなければならないのか、これまでの人生に意味はあったのか、死は苦しいのか、死んだあとはどうなるのか、などと問うてしまいます。日頃、死は無に帰するだけの無意味なものとしか思っていなくても、死に直面すればこのような問いは生まれてきます。罪の意識、他者への怨み、深い後悔に苦しむ人もいます。

　このような問いに医療現場も応じようとしていますが、宗教と切り離されている現代日本の医療制度では、生と死にまつわる課題に直接取り組むことは難しいでしょう。そのため、既存の宗教による対応の試みが目立っています。きっかけとなったのは東日本大震災です。多くの人々が突然命を奪われ、そこに仏教、神道、キリスト

教など、さまざまな宗教的背景を持つ支援者が集い、宗派を超えて人々の悲しみや苦しみに寄り添おうという機運が盛り上がったからです。ここから、特定の宗教に限定されず、布教や伝道を目的とするのではない臨床宗教師[19]という専門職が登場しました。臨床宗教師は、スピリチュアルケアを担う専門職で、病院、介護施設、福祉施設、地域の相談窓口など、公的な領域において活動しています。また、「終活カフェ」や「カフェ・デ・モンク」（傾聴移動喫茶、モンクは monk、僧）を開いて、宗教施設でなくても宗教者の話が聞ける場を提供し、グリーフケアやスピリチュアルケアを実践している宗教者もいます。

　宗教が医療の一端やケアを担うというのは、とりわけ世俗化された社会である現代日本においては奇妙に思われるかもしれませんが、医療化の帰結として、また医療化や世俗化もその一部である近代化の帰結として捉えるならば、むしろ当然のものであると理解できます。人間の生と死にまつわる深刻な疑問や苦しみに対して、治療という機能に応じて発展してきた医療は答えを出すことができません。身体的な病に専念してきた医師はもちろん、医療現場においてケアを受け持つ役割を引き受けてきた看護師も、心の問題に対応してきたカウンセラーも、こうした問題に対しては往々にして無力です。これらの専門職は、あくまでも病気を治療したり、心理的問題を改善したりというアプローチをとっており、死というそれ自体は解決することのできない問題に対処するすべを発達させてきたわけではありません。

　そうした意味で、これは古くて新しい問題です。死や病苦自体は、人類が有史以前よりずっと直面してきたものです。死後の世界や超越的な存在を提示し、生と死を意味づける神話や宗教が発展してきたのも、おそらくそうした課題に対処するためでしょう。しかし、近代化とともに社会全体が世俗化し、人々は科学的・合理的な世界観のもとに生きるようになります。さらに、この章で見てきたように、人の死も病院の中に閉じ込められ、医療によって管理され

19) 谷山 (2016)。藤山 (2020) では、臨床宗教師誕生の経緯、活動内容や広がりが詳述されています。

るようになりました。まさにそうした中で、死に面した人々の持つスピリチュアルなニーズに応えなければならないという課題が、先鋭に浮上しているのです。

　スピリチュアルケアに対するニーズは、どんなに医療化が進み、医療が高度に発展しようとも、また、どんなに世俗化が進み、宗教の力が衰えようとも、人間が死すべきものである限り、なくならないでしょう。

Step 6　自分でやってみよう！

　もしあなたが明日死ぬとしたら、どんな時間を過ごしたいですか？　周りの人とも話し合ってみましょう。

【参考文献】

会田薫子（2011）『延命治療と臨床現場——人工呼吸器と胃ろうの医療倫理学』東京大学出版会

市野川容孝（1997-1999）「近代医学と死の医療化（上）（中）（下の一）（完）」『思想』（878）、（880）、（902）、（903）（岩波書店）

市野川容孝（2000）『身体／生命』岩波書店

五木寛之編（2002）『うらやましい死にかた』文藝春秋

一茶（1992）『父の終焉日記——おらが春　他一篇』岩波書店

岡本拓也（2014）『誰も教えてくれなかったスピリチュアルケア』医学書院

幸田文（1955）『父・こんなこと』新潮社

児玉真美（2013）『死の自己決定権のゆくえ——尊厳死・「無益な治療」論・臓器移植』大月書店

小林亜津子（2011）『はじめて学ぶ生命倫理——「いのち」は誰が決めるのか』筑摩書房

ピーター・コンラッド／ジョゼフ・W・シュナイダー（1980＝2003）『逸脱と医療化——悪から病へ』進藤雄三・杉田聡・近藤正英訳、ミネルヴァ書房

佐藤哲彦（1999）「医療化と医療化論」進藤雄三・黒田浩一郎編『医療社会学を学ぶ人のために』世界思想社：第7章

進藤雄三（1990）「医療化」同『医療の社会学』世界思想社：第 6 章

新村拓（1989）『死と病と介護の社会史』法政大学出版会

新村拓（2001）『在宅死の時代——近代日本のターミナルケア』法政大学
　　出版局

田中美穂・児玉聡（2017）『終の選択——終末期医療を考える』勁草書房

谷山洋三（2016）『医療者と宗教者のためのスピリチュアルケア——臨床
　　宗教師の視点から』中外医学社

シャーリー・ドゥブレイ／マリアン・ランキン（1984＝2016）『シシリー・
　　ソンダース——近代ホスピス運動の創始者　増補新装版』若林一美
　　監訳、若林一美・若山隆良・棚瀬多喜雄・岡田要・小林麻衣子・
　　五十嵐美奈訳、日本看護協会出版会

深谷克己（2014）『死者のはたらきと江戸時代　遺訓・家訓・辞世』吉川
　　弘文館

藤山みどり（2020）『臨床宗教師——死の伴走者』高文研

Milton J. Lewis（2007）*Medicine and Care of the Dying　A Modern
　　History*, Oxford University Press.

第 II 部　日常の行動から社会学をする

10章

住まう

▷関連章
11章
12章

■キーコンセプト

機会の平等／結果の平等、基本的人権、コミュニティ、社会保障、福祉

Step 1　「住まう」ことは個人的なこと？

　ある国の豊かさを示す指標として伝統的に用いられてきたのは、経済の規模を示す GDP（国内総生産）[1]です。しかし GDP をめぐっては、経済の規模だけで生活の豊かさを捉えることができるのか、という批判があり、次第に、経済以外の側面を視野に入れた、生活の豊かさの研究が行われるようになりました。この流れを受けて、現在、たとえば経済協力開発機構（OECD）[2]では、生活の質に関わる11の分野のデータを組み合わせた「より良い暮らし指標（Better Life Index: BLI）[3]」という数値を、2011年から毎年発表しています。

　BLI には住宅に関するデータが含まれています。「好ましい居住環境で暮らすことは、人々の生活の最も重要な一面」だと OECD がみなしているからです。その理由として、OECD は、雨風や暑さや寒さをしのげること、安全に休んだり眠ったりできること、外から見られない空間を確保できること、資産になることを挙げています。日本語にも「衣食住」という言葉がありますが、人間の基本的な欲求を満たしてくれるものとして、住宅は人間のより良い暮らしに不可欠だとされています。住居を持つことは、現代では基本的な人権の一つだとみなされるようになっています[4]。

　しかしそのわりには、自分の住む家や自分たちの住み方について

1) GDP は、一国の内部で一定期間の間に生産されたものの金銭的価値を表す指標です。金銭的価値とは、市場での売上高から生産コストを引いたものを指します。

2) OECD は、各国の経済や国際経済について話し合ったり調整したりする国際機関のことです。

3) OECD の BLI のサイトは、指標の中のどの項目を重視するかで、利用者が独自のランキングを作れるおもしろい作りになっています。「より良い暮らし」の形や順位を決め

あらためて考える機会は、そう多くありません。特に日本では、住宅を持つことは個人的な事柄と思われており、住宅を社会的な問題として考える機会も少ないように思います。この章では「住まう」ことの社会性について少しばかり考えてみたいと思います。

Step 2　考えてみよう！

> 【質問】10年後にどういう住み方をしたいですか。メモして下さい。

> 【アイデア交換】メモしたアイデアを、グループの人と共有してみましょう。

Step 3　住宅をめぐる願望と住宅政策の戦後史

　Step 2では10年後にどういう住み方をしたいかを尋ねました。住み方と聞いて多くの人がまず思い浮かべるのは、おそらく住宅だと思います。住居の広さや間取り、外観や内装などに関して、いろんな希望が出たでしょう。一戸建てかマンションか、持ち家か賃貸か、といったことについても、それぞれの理想があると思います。

　では、いま日本に住んでいる人たちは、どのような住宅を望んでいるでしょうか。2017年の国土交通省の調査[5]によれば、一戸建てを希望する人は約65%、マンションが約10%でした[6]。また一戸建てかマンションかを問わず、いわゆる持ち家願望のある人は約76%で、この数字は過去30年ほどほとんど変わっていません。

　では人々は、実際にはどのような住宅に住んでいるでしょうか。

るのはOECDではありません。決めるのはあなた自身です」だそうです。（http://www.oecdbetterlifeindex.org/）また、BLIとは異なるタイプの指標として、国際連合が2012年から公表している世界幸福度報告もあります。（https://worldhappiness.report/）

4）1948年に国連で採択された世界人権宣言では、すべての人が衣食住の点で十分な生活水準を保持する権利を認めました。最近でも、1996年に国連で採択された居住の権利宣言によって、「適切な」住居を持つ権利がすべての人の権利であることが、あらためて確認されました。日本もこの宣言に賛成しています。ではどのような住宅が「適切な」住居とされているでしょうか。調べてみましょう。

総務省の調査によれば、2013年時点で日本の総住宅数は6063万戸、そのうち人の住んでいる住宅が約5210万戸です[7]。そしてこれらのうちの約55％が一戸建てで、約42％がマンションなどの共同住宅です。また持ち家の比率は約62％で、この数字もこの40年ほどあまり変わっていません。どんな住宅に住みたいか、という理想に比べれば低いですが、それでもかなり多くの人々が、希望通り、一戸建てや持ち家に住んでいることがわかります。

　一戸建てに住みたいとか、持ち家がほしいといった願望は、ごく私的な好みや望みのように思われます。また、そうした願望は、通常、個人的な努力によって実現すべきだと思われています。このように住宅に関する事柄は、個人やその家族だけに関わる私的な事柄であって、それ以外の人たちには関わりのないことだとみなされます。ですが、住宅をめぐるこうした考え方や態度は、世界中どこへ行っても同じというわけではありません。少なくとも部分的には、日本社会のあり方に影響を受けて形成されてきたものです。ここではこうした態度の形成に影響を与えた要因として、特に第二次世界大戦後の日本の住宅政策に注目してみます[8]。

　敗戦後、戦災による住宅の焼失や海外から日本に帰国する引揚者の増加のため、都市部を中心に、住宅不足が深刻な問題となりました。そのため戦後しばらくは、応急的な住宅政策として簡易住宅を公的に建設するなど、国家や地方自治体の責任で住宅不足を解消しようとする住宅政策が採られました。

　1950年頃からは、より長期的な視野に基づく住宅政策が採られるようになります。公営住宅・住宅金融公庫・公団住宅は、そうした住宅政策の代表的な産物です。公営住宅は、地方自治体が住宅を建設したり、買取ったり、借上げたりして、個人に貸す住宅です。低所得者向けに住宅を供給するのがねらいでした。住宅金融公庫は、個人が住宅を建築したり購入したりするための資金を、安い利息で融資する公的な金融機関です。これによって人々が持ち家を取得するように促そうとしました。公団住宅は、都市圏を中心に日本住宅

5）平成29年度「土地問題に関する国民の意識調査」。結果の概要は（http://www.mlit.go.jp/totikensangyo/totikensangyo_tk2_000018.html）を参照。

6）ちなみに1996年に一戸建てを希望していた人は約90％だったので、長期的には一戸建て希望はかなり減ってきています。

7）平成25年「住宅・土地統計調査」より。結果の概要は（https://www.stat.go.jp/data/jyutaku/2013/tyousake.html）を参照。なお住宅の数と人の住んでいる住宅の数が異なるのは、一世帯が複数の住宅を所有していたり、人の住んでいない空き家が増えているためです。現在、総住宅数の約14％、7戸に1戸が空き家です。

8）日本の住宅政策については、早川（1997）や本間

公団が供給してきた、団地と呼ばれる集合住宅です。中所得者向け
に住宅を供給するのがねらいでした。ですが、実際に公庫の融資を
受けたり団地に入ることができた人々の多くは、比較的恵まれた層
でしたし、低所得者向けの公営住宅はなかなか増えませんでした。

　1950年代後半からの高度経済成長期には、大量の人々が労働力と
して地方から都市へと移動し、住宅があらためて不足しました。こ
れを補うために、今度は公的機関によってではなく民間の手で、比
較的建築費や家賃の安い木造賃貸アパートが多く建てられました。

　個人的な努力で住居を手に入れるようとする国民の傾向を、決定
的にしたのが、1966年に制定された住宅建設計画法だといわれま
す。この法律に基づいて「一世帯一住宅」をスローガンにした第一
期の住宅建設5カ年計画が始まります。この計画でも、公的な住宅
建設より、民間による住宅建設が重視され、目標住宅数の7割を民
間で建設するとされました。それを担ったのは、戦前から沿線で住
宅を供給してきた阪神・阪急・東急・西武といった民間の鉄道会社
や、1950年代に増えていった民間の住宅産業——ディベロッパーや
住宅メーカー——です。これら民間の業者によって、宅地の造成や
プレハブ住宅（工場で部材を製作し現場で組み立てる工法の住宅）の供
給、高級志向の集合住宅の分譲などが進みました。ニュータウンと
呼ばれる大規模な住宅地も、各地で次々と建設されました。高度経
済成長の中で、持ち家を手に入れることが可能な世帯も増え、そう
でない人々も、親族からお金を借りるなどして土地や住宅を手に入
れていきました。こうして1968年には総住宅数が総世帯数を上回っ
て、理屈の上では一世帯一住宅が達成されます。

　その後も住宅建設5カ年計画は、2005年度まで8期にわたって続
きました。その間に、銀行をはじめとする民間の金融機関が住宅
ローンと呼ばれる融資を充実させていったり、1980年代後半の不動
産バブルと呼ばれた地価や住宅の桁外れの高騰もありました。そし
て2006年、住宅の数が充分になったことを理由に、住宅建設計画法
は廃止されます。代わって住生活基本法という法律が、新しく制定

され、より質の高い居住環境の整備を、行政だけでなく、住宅関連事業者などの主体的な取組によって実現すべきだとしました。その結果、国家や地方自治体が、国民に適切な住居を供給する義務は、かつての住宅建設計画法の時代以上に小さくなり、民間業者や消費者自身の責任がさらに大きくなったといわれます。

　戦後日本の住宅政策の歴史を振り返ってみると、国民が自分たちの個人的な努力で適切な住居を手に入れるように促す政策が中心であり、すべての国民が適切な住居に住めるように国家や地方自治体が努力するという性格は弱かったといえます。戦後日本を生きてきた人々は、そうした住宅政策の影響を多かれ少なかれ受けてきました。それにより少なくない人たちが、「マイホーム」を手に入れるという願望を抱き、実際にそのための努力をして自分で家を手に入れてきました。その結果、現代の日本では数多くの住宅が建ち並び、多くの人が安全やプライバシーといった基礎的なニーズを充足させてきました。これが、住宅政策と住宅をめぐる願望の戦後史の、少なくとも一側面だったといえます。

Step 4　住まい方の変化とコミュニティ

　では、建ち並ぶ住宅の中での人々の住まい方は、どのように変化してきたでしょうか。

　ここではそうした情報の一つとして、図表10-1を挙げておきます。これは、日本の全世帯を1人世帯から6人以上世帯までのグループに分けて、第二次世界大戦後から現在まで、それぞれのグループの割合がどのように変化してきたか、を表したものです。ここでいう世帯とは、大雑把に言えば、同じ住宅に住んでいて、一つの家族として生計をともにしている人のことです。[10]

　このグラフによれば、戦後直後は全世帯の半分近くが、6人以上世帯でした。たとえて言えば、『サザエさん』や『ちびまる子ちゃん』のような世帯です。しかし6人以上世帯は、戦後劇的に減ってい

10) 正確に言えば、世帯は家族と一致しません。世帯と家族の定義の詳細については、たとえば総務省統計局「世帯・家族の属性に関する用語」(https://www.stat.go.jp/data/kokusei/2010/users-g/word2.html)や厚生労働省「国民生活基礎調査」の「用語の解説」(https://www.mhlw.go.jp/toukei/list/20-21tyousa.html#anchor13)を見て下さい。

図表10-1　世帯人員別に見た世帯数の構成割合の年次推移

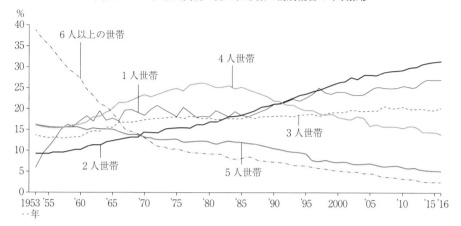

出典）厚生労働省（2018）「国民生活基礎調査（平成28年）の結果から　グラフでみる世帯の状況」（https://www.mhlw.
　　　go.jp/toukei/list/20-21.html）を加工して作成。

き、いまではほとんど見かけなくなっています。これに対し、1960
年代後半から1980年代にかけて多かったのが、４人世帯です。典型
的には『クレヨンしんちゃん』のように、夫婦と未婚の２人の子ど
もから構成される家族です。しかし、多いときには全世帯の４分の
１を占めていた４人世帯も、1980年代後半から減り始め、いまでは
15％程度です。現在、多数を占めているのは、１人世帯から３人
世帯で、日本の住宅で暮らす７割が少人数世帯となっています。

　住宅と世帯に関する以上のようなデータから、現代日本における
住み方に関して、次のような姿が浮かび上がってきます。先ほど述
べたように、現代の日本には、総人口の半分に近い6000万戸の住宅
が、ひしめき合うように建ち並んでいます。ただし、その大半に暮
らしているのは、１人から３人という少人数世帯です。このことか
ら、戦後直後の６人以上世帯などに比べて、各世帯が担える役割や
果たせる機能も小さくなっているのでは、と推察できます。

　そんな家族の機能を補うために重要だといわれるものの一つが、
まちや地元、地域と呼ばれる環境です。地域が私たちの生活に大き

11) R. マッキーヴァー（1917＝2009）はコミュニティを、一定の地域の上に展開される自生的な共同生活であると定義し、コミュニティの連帯は、他のあらゆるつながりを可能にする最も基礎的な資源だとしました。ここでのコミュニティ概念は、地域という空間と結びついています。しかし最近では、ネット上のつながりや趣味を介したつながりのように、類似した関心や社会的アイデンティティの共有を特徴とする人々のつながりを、コミュニティと呼んだりします。コミュニティの概念も時代とともに変化しています。現代日本の地域とコミュニティについては山崎（2011）、コミュニティ概念の変化については Z. バウマン（2001＝2017）を参照。

12) ソーシャル・キャピタルは、た

な影響を与えることは、社会学では繰り返し指摘されてきました。初期の社会学は、地域に住む人々のつながりに関心を持ち、強いつながりを備えた空間を「コミュニティ」という概念で呼びました。[11] 近年では R. パットナムや J. コールマンが、人々の間に存在するつながりを「ソーシャル・キャピタル（社会資本、社会関係資本）」と名づけ、ソーシャル・キャピタルが豊かであるほど、その地域の治安や経済、健康や教育などにプラスの効果を及ぼすとしました。[12]

　人の生活にとってコミュニティが大事であることは、とりわけ1995年の阪神淡路大震災や2011年の東日本大震災を経て、広く認識されてきました。コミュニティから切り離された仮設住宅や復興住宅での「孤独死」の問題がメディアでも大きく取り上げられ、住宅の再建と同時にコミュニティの再建が大事だといわれるようになりました。NPO[13]やボランティアといった、営利を目的としない市民活動への関心も高まってきました。国家や自治体も、従来のような上からの都市計画や都市開発だけでなく、地域住民による下からの自主的なまちづくりが大切だ、と主張するようになりました。

　ですが、人の生活にとっていかにコミュニティが大事であるとはいえ、現代において地域のつながりを強めることはそれほど簡単ではありません。2015年の『国民生活時間調査』[14]によれば、たとえば現代の30代の男女が、仕事や家事や睡眠などの時間をのぞいて自分で自由に使うことのできる時間は、かなり限られています（男性は1日当たり3時間10分、女性は3時間20分）。しかもそうした時間の多くもマスメディアやネットの視聴などに費やされています。その結果、社会参加の時間は、30代男性で3分、女性で5分となっています。これでどうして地域とのつながりを強めることができるでしょうか。

　なぜ地域という空間を整えるための時間が、これほど乏しいのでしょうか。直接的にはもちろん、それぞれの人が仕事や家事に忙しく、それ以外のことに割く時間や余力がないからです。「過労死」という言葉があるように、日本は長時間労働で知られてきました。くわえて特に大都市では、会社のある都心ではなく郊外に住むこと

が多く、通勤にかなりの時間を要します。かつてよりも血縁や地縁
が乏しいところに、同じような経済的条件の人々が集まっていて、
それぞれ仕事時間も通勤時間も長いというのが、現代の地域です。
そうであれば、いくら地域が大事という理想を語っても、実際に地
域のつながりを強めることは、なかなか難しいと思われます。

Step 5　基本的人権としての住まい

　ここまで、住宅や地域といった比較的イメージしやすい観点から
「住まう」ことについて考えてきました。最後に、住宅や地域に比
べてずっと想像力が必要だと思われる観点から、「住まう」ことを
考えてみたいと思います。それが福祉です。
　日本語で福祉というと、高齢者福祉や障害者福祉といったよう
に、対象となる人々が限定された特別なもののように思われがちで
す。ですが、それはまちがいです。福祉とは、あらゆる人が十分に
よく生きている状態、あらゆる人の生活の豊かさを意味します。そ
うした福祉を実現するために近代社会ではさまざまな制度が発展し
てきましたが、その代表的なものが社会保障と呼ばれる制度です。
さまざまな生活上のリスクの負担を分散する社会保険や、国家が最
低限度の生活を保障する公的扶助（生活保護）が含まれます。
　ただし、具体的にどんな社会保障制度が整っているかは、歴史的
な違いもあり、国によってさまざまです。日本の社会保障制度の場
合、そもそも全体としての社会保障支出の規模が比較的小さく、中
でも家族に対する支援が小さいといわれます。そのため、育児であ
れ教育であれ介護であれ、さらには本章の住宅であれ、家族に関わ
ることは、主にそれぞれの家族が、自分たちの時間とお金と労力で
負担すべきだとみなされてきました。
　こうした社会保障制度を考慮に入れれば、現代の日本で暮らす多
くの人たちにとって地域で過ごすための時間や余力がない、という
Step 4 の最後で触れた事情の理由は、単純に、仕事や家事に忙しい

とえば友だちとの
つきあいや地域の
市民団体での活
動、投票率や行政
への信頼など、さ
まざまな指標に
よって測定されま
す。

13) Nonprofit
Organization（非
営利組織）の略。

14) NHK 放送文
化研究所のサイト
（https://www.
nhk.or.jp/bunken/
index.html）で見
られます。

15)「平成24年版
厚生労働白書：社
会保障を考える」
は、社会保障につ
いて考える上で非
常に有益な議論や
データが掲載され
ています。(https:
//www.mhlw.go.
jp/wp/hakusyo/
kousei/12/)

16) 海外の住宅政
策に関しては、J.
ケメニー（1992＝
2014）や、A. オウ
ヴェハンド／G.
ファンダーレン
（2002＝2009）を参
照。

からだ、とはいえなくなります。むしろ、国民の生活を保護するは
ずの社会保障制度が、日本の場合、個々の家族に負わせる負担を大
きくしてしまう仕組みになっているためだといえます。

　公的な住宅支援が不十分であるために、人々の経済的・時間的な
負担が大きくなるという状況は、今後、これまで以上に深刻になる
可能性があります。

　その一例として図表10-2を見て下さい。これは、30歳未満の単
身世帯の男女が何にお金を使っているか、を示したものです。1969
年には消費に占める住居費の割合は5％程度でした。これに対し
2014年には住居費が25％を超えています。この変化の要因はたく
さんありますが、少なくともその一つとして、1990年代以降の雇用
状況の変化があると思われます。非正規雇用が増加し、正規雇用の
労働条件も悪化してきたことで、全体的な雇用者の所得水準が下が
り、所得の格差も拡大してきました。しかし日本には、Step 3で見
たように、比較的家賃の安い公的な賃貸住宅は多くありません。ま
た民間の賃貸は、公的な住宅よりもずっと高い家賃のものが増えて
います。こうした状況の中で、それなりに質の高い住宅に住もうと
思えば、どうしても住居費の負担が増えます。消費支出のうちの4
分の1も住居費が占めてしまうと、貯蓄などに回せるお金も限られ
ます。その結果、やがて持ち家を手に入れたいと思っても、長く続
く住宅ローンはこれまで以上の負担になるか、そもそも無理になる
と予想されます。かつては多くの人々が憧れ、ある程度実現可能で
あった、最初は賃貸住宅で最終的には「マイホーム」を手に入れる
というストーリーは、これから先の世代では実現がなかなか難し
く、できても、それに伴う負担が大きくなっていくと思われます。[17]

　本章の冒頭で、「住まう」ことは人間の基本的人権とみなされる
ようになっていると述べました。ですがそのわりに、これまでの日
本では、「住まう」ことはもっぱら個人的な問題だとみなされ、社
会保障や福祉という観点からあまり考えられてきませんでした。戦
後の経済成長のおかげもあって、住宅を購入する余裕がある人のた

17) 近年の住居を
めぐる問題につい
ては、住宅政策提
案・検討委員会/認
定NPO法人ビッ
グイシュー基金が
制作した『住宅政
策提案書』(https:
//bigissue.or.jp/
action/housing
policy/) や日本居
住福祉学会のサイ
ト (http://housing
wellbeing.org/
ja/) が参考にな
ります。

図表10-2　30歳未満の勤労単身世帯の男女1カ月平均消費支出の費目構成の推移

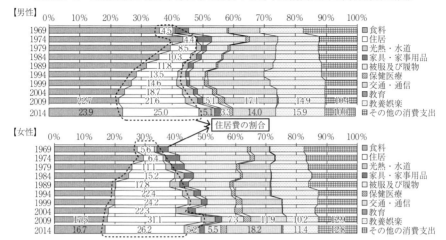

出典）国土交通省（2018）「平成30年度　住宅経済関連データ〈6〉住宅と家計経済　1-（5）所得・雇用環境の変化（若年世帯における住居費負担の増大）」（https://www.mlit.go.jp/statistics/details/t-jutaku-2_tk_000002.html）を加工して作成。

　めに、ローンの金利を引き下げたり減税額を増やす、といった措置さえしておけば、多くの人が自力で住宅を手に入れることがある程度できていました。ですが、雇用が不安定化し、住宅をめぐる負担や格差が大きくなりつつある現代の日本では、「住まう」ことをあいかわらず個人的な問題とみなし続ければ、私たちの生活はかえって苦しくなっていくかもしれません。

　ではそうした思考の習慣から離れて、「住まう」ことを社会的なことがらとして考えられるようになれば、どうでしょうか。たとえば、住まいを自力で確保するのが困難な人のために、国家や地方自治体が良質で低家賃の公的な住宅を増やしたり、民間の賃貸住宅を借りる人のための公的な住宅手当を増やしたり、といった住宅政策を、社会保障の中心に組み込むわけです。その場合、人々は、自分で努力して家を手に入れることをそれほど当然だと思わなくなり、そのためのお金を稼ぐことにいまほど忙殺されずにすむかもしれません。その結果、地域で過ごせるだけの時間的・経済的な余裕もい

まより多く手に入れられるかもしれません。個人的なことと思われてきた「住まう」ことを、社会的な事柄として考えてみるという、そんな急がば回れこそが、現代の日本においてより良い暮らしを維持していくための近道かもしれません。

　しかし、このような考え方に対する反論も予想されます。自力で住宅を手に入れようと努力している人にも、そうでない人にも、「住まう」ことに関して社会的なサポートが行われるとすれば、それは不公平ではないか、というものです。

　公平さについて語られるとき、しばしばイメージされるのが、機会の平等です。どんな人に対しても同じ機会が与えられている状態が、公平だという考え方です。機会の平等は比較的イメージしやすく、それが公平であることも納得しやすいものです。「住まう」ことに当てはめれば、参加者の全員に同一のルールに基づいた、住宅を手に入れるというゲームが用意されており、どのような住宅を手に入れるかはそれぞれの人の努力次第であり、その結果として生じる格差もしかたがない、というイメージです。

　ただし、機会の平等が公平だといえるのは、参加者の全員が本当に同じスタート地点に立てる場合に限られます。そして現実には、参加者の全員が本当に同じスタート地点に立てるような完全な機会の平等など、存在しません。

　そもそもそれぞれの人間は、生まれながらにさまざまに異なった素質や特徴を持っています。また、それぞれの人間を取り囲む環境もさまざまに異なっています。多くの社会学的な研究が明らかにしてきたことですが、現実の社会には、経済的な不平等や文化的な不平等、教育に関する不平等など、多くの不平等が存在しています。[18] とりわけ親の世代の結果の不平等は、新しい世代にとっての機会の不平等につながります。そうした多くの不平等の中で、ある点に関してだけ同じ機会が与えられても、それは十分な機会の平等にはつながりません。このように、現実の社会に存在するのが機会の平等ではなく不平等であるならば、その結果として生じる格差は完全な

18) 社会学における不平等に関する代表的な研究としては、「社会移動」の研究や「文化資本」の研究が挙げられます。どのような研究があるか、調べてみましょう。

自己責任とはいえません。そうした格差が新しい世代にとっての機会の不平等を生み出すのであれば、なおさらです。

　このように考えれば、「住まう」ことに関する社会的なサポートを充実させていくことは、不公平ではないといえそうです。「住まう」ことは人間の生活にとって特に大事な土台であり、「住まう」ことをめぐる格差は、他のさまざまな不平等につながっていきます。そうならないように、「住まう」ことに関する社会的なサポートを充実させ、ある程度の結果の平等を社会的に整えることは、現代の世代だけでなく未来の世代に対しても、多少とも機会の平等に近い状態を用意することにつながっていくのではないでしょうか。

Step 6　自分でやってみよう！

　海外の住宅政策にはどのようなものがあるか、日本のものとどう違っているか、公営住宅や住宅手当を中心に調べてみて下さい。

【参考文献】

アンドレ・オウヴェハンド／ヘルスケ・ファンダーレン（2002＝2009）『オランダの社会住宅』角橋徹也訳、ドメス出版

ジム・ケメニー（1992＝2014）『ハウジングと福祉国家——居住空間の社会的構築』祐成保志訳、新曜社

ジグムント・バウマン（2001＝2017）『コミュニティ』奥井智之訳、筑摩書房

早川和男（1997）『居住福祉』岩波書店

本間義人（2009）『居住の貧困』岩波書店

ロバート・モリソン・マッキーヴァー（1917＝2009）『コミュニティ——社会学的研究：社会生活の性質と基本法則に関する一試論』中久郎・松本通晴監訳、ミネルヴァ書房

山崎亮（2011）『コミュニティデザイン——人がつながるしくみをつくる』学芸出版社

11章

食べる

▷関連章
10章
12章

■キーコンセプト
規格化、産業化、CSA

Step 1　食卓の風景はいつでもどこでも同じ？

　みなさんは大学生になって食生活は変わりましたか？　高校まで
と比べて、家で食事をとる回数が減ったかもしれません。一人暮ら
しを始めた人は、下宿先ではじめて食事を作ったときに自信を持っ
たり、メニューを自分で考えるようになってから「体調管理に気を
つけなければ……」と思ったりしたかもしれません。

　私たちの食べるという行為は個人の嗜好だけで決まるものではな
く、生活スタイルやライフステージ、社会のあり方などの影響を受け
ます。たとえば幼児がいる家庭と高校生がいる家庭では、食事の時
間帯、メニュー、同席者、会話など食事の様子は異なるのではないで
しょうか。また農家や小規模商店などが多く、家族がともに働き、生
活することが一般的な社会と、家族それぞれが家から離れた場所で
雇用されることが一般的な社会では、食事の風景が異なるでしょう。

　この章では、「食べる」ということを考える際に、食べ物を「買
う」、「生産する」というプロセスに着目します。たとえば、日常の
食卓の風景も時代の中で大きく変化しました。また、それを手に入
れる方法も変化し、現在、日本に住む私たちはお店やインターネッ
トを介して、お金を払えばあらゆる食べ物を食べることができるよ
うに感じられます。しかし私たちは本当に食べ物を選択できている

のでしょうか。

Step 2　考えてみよう！

> 【質問】あなたは次の食事で何を食べたいですか？　そのためにどのような行動や準備をしますか？　メモして下さい。

> 【アイデア交換】質問でノートに書いた話題を、グループの人と共有しましょう。他の人は何を食べるために、何をすると言っていましたか？

Step 3　スーパーマーケットの出現

　さて、Step 2ではどのような回答がありましたか？　何を食べるにせよ、食堂に行く、カフェに行く、コンビニに寄る、スーパーに買い物に行くなどと答えた人がいたかもしれません。冷蔵庫の中身を確認するという人もいたかもしれません。でも、畑に行って収穫してくると回答した人はほとんどいなかったでしょう。

　私たちは何かを食べるとき、食材または調理済みの食べ物を購入しています。食堂やカフェなどの飲食店も、多くの場合、食材を購入し、調理しています。しかし、1950年代頃までは、農家でなくても畑で野菜を育てたり、漬物や味噌などの保存食をつくっている家はめずらしくありませんでした。この時代を生きた人が食べ物に関して「あの頃は何でも作っていた」と回想するように、現在と比べ、この時代は自分の家で育てていないものや、量の足りないものを買うことが多かったようです。

　しかし1950年代半ばから1970年代半ばまでの高度経済成長期に多

1）産業化とは、
農業社会から産業
社会への移行とそ
れに伴う経済的、
技術的、社会的変
化を表します。産
業社会は機械化さ
れた財・サービス
の生産によって特
徴付けられます。
なお、財・サービ
スの生産の機械化
は製造業における
工場生産（工業化）
を典型として、農
業など第一次産業
やサービス業にも
及びます。

2）工場に科学的
管理法（部品の規
格化や作業の標準
化など）を導入す
ることにより、生
産現場の能率性を
高め、企業の労務
管理を減らし、製
品の原価を下げ、
企業の高収益と労
働者の高賃金を可
能にしました。ア
メリカの農業はこ
の工業的モデルが
取り入れられたこ
とで知られていま
す。

3）瀬岡（2014）。

くの家庭で食べ物を購入することが当たり前になりました。背景に
は大規模な社会変化がありました。この時期、職や教育の機会を求
めて多くの人が農村から都市へ移動したのです。人の住む場所だけ
でなく日本の産業構造も大きく変わりました。

　「労働力調査」（総務省）によると、1953年の段階では農林業従事
者数は1487万人（就業者全体の38.0％）でしたが、高度経済成長後の
1974年には630万人（同12.0％）と大幅に減少しました。2018年現在、
農林業従事者は235万人（同3.5％）なので、農業を営んでいる人が
身近にいる人は少ないかもしれません。一方、産業化の基盤となる[1]
建設やエネルギー産業、製造業、サービス業などの従事者数は大幅
に増加しました。これらの人々、とりわけ都市で働く人々は、自分
が食べるものをお店で商品として購入して生活しています。産業が
発達するに従い、生産の場と消費の場が分かれました。そして人々
の生活から食の生産過程が切り離されたため、食品流通が欠かせな
いものとなっていきました。

　食品の流通に関しては、アメリカ合衆国ですでに1930年代にスー
パーマーケット（以下、スーパー）が作られていました。当時のアメ
リカ社会は、フォード社を皮切りに大量生産を行う製造業が発達
し、豊富な商品と安定した賃金を背景に消費社会が広がった時期で[2]
した。都市郊外にできた住宅地に、消費者が自由に商品を選ぶセル
フサービス式の大規模店舗が作られ、普及していきました。

　日本では高度経済成長期に、当時の小売業経営者が消費社会とし
て先行するアメリカ合衆国からチェーン方式やセルフサービス方式
などの経営・販売技術を学び、日本にスーパーを普及させました。[3]

　スーパーやコンビニエンスストア（以下、コンビニ）が普及する前
の日本では、食料品は八百屋、豆腐屋、乾物屋、魚屋、肉屋、酒
屋、精米店というようにさまざまな種類の専門店で販売されていた
ため、人々は料理の材料をそろえるために買い物袋を持ったまま多
くの店を買い回る必要がありました。また当時の小売店では対面販
売が基本ですから、店員との会話の楽しみがある反面、買い物には

とても時間がかかりました。さらに、一つひとつの商品に値札が付いているわけではないため、店員と仲良くなった人のほうが安く買える場合もありました。このような個々の人間関係に影響される規格化されていない商慣行は、消費者に楽しみだけでなく不安や不満をもたらしていました。

　他方、小売店の側から見ると、1950年代当時の小売店の多くは「パパママストア」と呼ばれる夫婦で営む小規模な小売店でした[4]。そのため仕入れの際に卸売業者に強く要求することができませんでした。当時は卸売業は多段階に分かれており、取引の度に各業者の利益が価格に上乗せされてゆくため、フードシステム（食品の生産・流通・消費という一連の流れ）の川下に位置する小売業・消費者は、品物の品質が多少落ちていてもある程度の価格で購入せざるをえない状況だったのです。

　このような状況の下、消費者は自ら消費生活を向上させるため、消費者協同組合の一種である地域勤労者生協や、企業内での購買会を作っていました。小売業はこうした積極的な消費者の動きを脅威と感じ、消費者全般を味方につけて生き残ろうとしたのです。

　1957年に全国小売業経営者会議が開かれました。全国から参加した経営者は、会議で生協の取り組みを研究し、従来の小売業は消費者の消費生活の向上に対する取り組みが不十分であるために消費者から不信感を持たれているという認識に至りました。そして「消費者である主婦に喜んでもらうことで、経営者も幸せになる」ことを目ざして経営の合理化や近代化を図ることが必要であると考えました。そのための販売技術として、安くてよい品をセルフサービス方式で売るというスーパーの販売方式を導入しました。

　スーパーによる経営の合理化・近代化の秘訣は、セルフサービスに伴う商品の規格化と労働の標準化にあります。スーパーでは客が自分で品物を選んでかごに入れ、レジに持っていって清算し、清算の終わった品物を袋に詰めて持ち帰ります。このセルフサービス方式が成り立つためには店員が商品の説明をしたり、客ごとに適した

4）家族やパートタイマー1～2名が手伝うこともあります。

5）規格化された
商品とは、形状、
材質、性能などが
ある一定の基準を
満たすように作ら
れた商品のこと。
一定の基準が満た
されることによ
り、生産・消費の
場で効率性が向上
したり、市場競争
が起こりやすくな
ります。

6）標準化された
労働とは、標準、
つまり手本やおお
よその目安に従っ
て行われる労働の
こと。アルバイト
先でマニュアルに
沿って行う労働な
どが一例。

7）コンビニは当
初よりお菓子やお
弁当、飲み物など
料理しなくても選
びさえすれば食べ
られる商品を充実
させていました
が、現在、レトル
トパウチ食品や生
鮮品なども扱い、
いわば家の近くの
冷蔵庫として日常
的な食を支える
チャンネルとなっ
ています。

商品を紹介する必要がないよう、商品の規格化を行い[5]、あらかじめ価格設定やパッケージングをしておく必要があります。

　そして、商品の規格化が進めば、労働の標準化を進めやすくなります[6]。なぜなら客に商品の説明や紹介をするような専門知識を持つ店員が必要でなくなり、商品補充、清掃、レジ打ちなど比較的定型的な仕事を行うパート従業員によって大量の商品を販売することができるからです。

　さらに、労働の標準化によってスーパーは多店舗のチェーン展開が可能となり、大量に品物を仕入れることで生産者や卸売業に対する発言力も強まり、仕入れ価格を低く抑えることができるようになります。仕入れ価格や人件費を低く抑えることで、ますます販売価格を抑え、「よい品をより安く」提供することが可能になりました。

　前述のように1950年代後半は工業化が本格化し、都市への人口移動が急増した時期に当たるため、商品も消費者も飛躍的に増え、それをつなぐチャンネルとしてスーパーが経済にとっても、個人の日々の生活にとっても必要不可欠なものとなったのです。1970年代以降はコンビニも重要なチャンネルとして加わりました[7]。セルフサービス方式の店では購入されたすべての品物がレジを通ることから、小売業に大量の販売情報が集積されます。それらの情報を武器にして、「消費者の代理人」としての小売業を中心とした小売主導型流通体制が作られました。

Step 4　農業の工業化の意図せざる結果

　産業化の進展の過程で、商品や労働の規格化や標準化が進むことで、よいものをより安く、大量に販売することができるようになりました。それに伴い消費者は質量ともに豊かな商品を日常的に購入することができるようになりました。では今度は、「食べる」という行為の生産面に着目してみましょう。生産過程の規格化や標準化は私たちにどのような影響をもたらしたのでしょうか。

　第二次世界大戦後の日本の農業政策は技術革新による生産力の向上を目指してきました。戦後の食糧難に対処し、急増する人口を養うためには食糧の増産が不可欠だからです。[8]

　日本の農業生産力の変化を図表11-1から見てみましょう。日本の稲作では、単位面積（10a[9]）あたりの収穫量が1.5倍になっているのに対して、労働時間は8分の1近くに減りました。

8）東京農業大学
「現代農学概論」編
集委員会編(2018)。

9）1 a ＝100㎡

図表11-1　稲作の単位面積あたりの収穫量と労働時間

	1960年	1975年	1990年	2016年
10a あたりの収穫量（kg）	371	450	494	544
10a あたりの労働時間（時間）	173.9	117.8	43.8	22.6

出典）「作物統計」「米及び麦類の生産費」（農林水産省）

　省力化を進めながら収穫量を伸ばすことができたのは、農業の工業化とそれを支える技術の進歩があったからです。たとえば品種改良や育種の技術が発達するにつれ、種や苗は開発され、販売されるものになりました。また高度経済成長期に機械工業や重化学工業が発展する中で、農業機械や化学肥料・農薬が開発されました。そして新しい製品や技術に合わせて水利や土地の改良を行うことで農業の生産力を飛躍的に増大させました。

　こうした技術の発展によって、消費者の代弁者であり大量発注者である小売業の期待に生産者が応えることができたとも言えます。たとえば、鮮度が長持ちする、価格が安い、味がよい、形が同一で運搬しやすい、保存しやすいなど、さまざまな要求を満たす商品は、消費者にとっても、小売業にとっても望ましいものです。またスーパーはセルフサービス方式を採っているため、食品には見栄えや糖度、栄養価など、消費者が自ら比較したり、判断したりしやすい指標が求められるようになりました。

　これらの特徴を持つ農畜産物をつくるときに役立ったのが、品種改良の技術です。戦後は交配や遺伝子組み換えの技術を用いて、病気に強い品種、育つスピードが均一で一斉に収穫できる品種、甘味

の強い品種、色や形のよい品種がつくり出されました。また収穫後の品質低下を防ぐための保存方法や輸送方法などの研究も進みました。

　加工食品についても、発酵や殺菌などの技術が進み、食品の新たな栄養素や機能が発見されました。そしてそれらによって、味や栄養価が向上し、バリエーションが豊富になり、長く保存したり、大量に均質な製品をつくることができるようになりました。

　しかし消費者や小売業の期待に応えられる技術の発展は意図していなかった結果をもたらしました。第一に、食品の規格化が進み、規格に合わない食品が廃棄されることにつながっていきました。たとえば品種改良によって一定の色や大きさや糖度の作物を作ることができるようになると、逆にそれが求められるようになり、その規格に合わないものは商品として販売できなくなりました。規格外のものは加工用に回すこともありますが、食品加工が発達すると、生鮮食品としてではなく加工に適した品種が開発されて、加工用として求められなくなったりします。また、加工機械が普及して機械の規格に合わない農作物[10]が販売されることなく畑で大量に破棄されたりします。私たちは自由に食品を選んでいるように感じていますが、食品は消費者が選ぶ前に規格に合わせて人や機械によって選別され、廃棄されているのです。

　第二に、食の工業化は環境への負荷をもたらします。戦後、農業生産力を高めるために機械化を進め、化学製品（肥料、農薬、ビニール製資材など）の使用を増やしましたが、その結果、たとえば日本の稲作では米1kgを収穫するために投入した化石燃料は、1955年時点と比べて、1975年には約3倍、1990年には約5倍へと増加したと試算されています[11]。輸送や保管にかかるエネルギーを考慮すると、米に限らず農産物が消費者に届くまでにかかる化石燃料はさらに増加したと考えられるでしょう。

　また農業生産力を高めるための技術が逆に農業や地球環境の持続可能性を損なう結果をももたらしています。たとえば作物の生育や品質を向上させる窒素肥料を与えすぎることで温室効果を持つ窒素

ガスが発生したり、不適切な灌漑によって砂漠化を招いたり、農薬により生物多様性を著しく損なうといったことが挙げられます。[12]

「では、その生産方法を変えればよいのではないか？」と思った人がいるのではないでしょうか。しかし、いったん生産方法や流通過程の規格化や標準化が進むと、そこから外れた生産方法を採ることは非常に困難を伴う、というのが第三の問題点です。

たとえば農薬を使用しないことで、田畑が害虫や病気や雑草の種の発生源になると、周りの人からその農法に対する理解を得るために非常な労力を要します。また化学肥料を有機肥料に変えると肥料の効果が一定ではなくなります。土づくりのため堆肥を自分で作るところから始める場合は時間と労力がかかる上に、もはや農耕用の家畜が機械に代替された後では、堆肥の原料である糞尿の入手方法から検討する必要が出てきます。さらに、こうした栽培方法は一般的な栽培方法と比べて手間がかかる割に収穫量が少なく、収穫量が一定でもありません。病気や虫食いの跡が残るなどの理由で販売価格が低く抑えられたり、出荷できずに廃棄せざるを得ないこともあります。そのため、いったんある生産・流通のあり方がシステム化された中で、別のあり方を採用することは容易ではないのです。

Step 3 と Step 4 からは私たちの食のあり方は社会や経済の動き、技術の発展と関わっていることがわかりました。次の Step 5 では、消費者としての私たちが「食べる」という身近な行為を通して、生産方法や社会を変えることができるということを見てみましょう。

Step 5　何を選ぶのか？

「食べる」ために、私たちの多くは商品を「選んで」います。スーパーやコンビニや飲食店で選ぶことに加えて、最近ではインターネット通販で購入する機会が増えてきました。インターネット通販の利用は、「提示された商品の中から選ぶ」という点で、スーパーに代表される購買方法と大きく違いません。そしてその限られた範

12) 世界的には、今後も増え続ける人口を養うためには穀物生産は2030年時点で2000年比50％の増加が必要とされています（World Bank (2008) p. 8）。生産性を向上させる技術と持続可能な地球環境が求められる中、今後も私たちが地球上で食べていくには何を考慮すべきでしょうか。

囲での選択は生産方法の標準化をもたらし、地球環境に負荷をかける側面を持ちます。

　それでは私たちは、「食べる」という行為を行う際に、「流通している商品から選ぶ」ことにとどまらず、「生産者や生産方法を選ぶ」ことを行ってみてはどうでしょうか。以下では例としてCSAを取り上げます。「食べる」という日常の行為であっても、発想次第で社会にさまざまな変化を生むことができるのです[13]。

　CSA（Community Supported Agriculture）はコミュニティに支援される農業という意味で、1980年代にアメリカ合衆国で開始され、現在は欧米を中心に普及しています[14]。

　CSAでは消費者は地元または近郊の生産者から自家消費用の農産物を3カ月、半年、1年などの期間を決めて購入します。代金は農作物の作付け費用を兼ねているため、農作物の栽培開始前に生産者に一括で前払いし、収穫期に1週間おき、2週間おきなど定期的に農作物を受け取ります（料金は想定される収穫量を目安に決められますので、農作物の価格は豊作だったときは割安になり、不作だったときは割高となります）。農産物の受け取りの際に消費者は生産者や他の消費者と顔を合わせ、場合によっては、実際に農場を見学したり、一緒に農作業を行ったりしてコミュニケーションを図ることで、生産方法への共感や収穫の喜びを分かち合ったりします。CSAは、生産者と消費者が、天候リスクを含めて経費と収穫物をシェアし、ともに農業を支える仕組みといえます。

　日本ではCSAを掲げて生産活動を行っている生産者はごく少数ですが[15]、近年、増えつつあります。その取り組みの一つを紹介しましょう。神戸市西区で有機農業を営む「ナチュラリズムファーム」は農薬や化学肥料に頼るのではなく、自然環境と食の安全を重視して生産したいと考えています。しかしそのような生産方法では経営効率が悪いため、継続的に生産活動を行うにはサポーターが必要です。そこで、近隣の有機農家とともに、農業に対する自分たちの考え方に賛同する人を募り、安定的な販売先として契約することがで

13) T. ライソン（2004 = 2012）。

14) Step3やStep4で論じた生産や販売の規格化・標準化は産業社会に共通しており、各国で持続可能な社会や農業を求めて生産者と消費者の連携が行われています。

15) 日本で最初のCSAは1996年に北海道で開始され、現在も続いています。棚田オーナー制度や、産地直結（産直）の試みなど、目的や方法が類似する取り組みは日本でも数多く存在してきました。これらの試みはどのような点でCSAと類似し、また異なっているでしょうか。

きる CSA に取り組むようになりました。

　生産者にとってはあらかじめ生産や生活に必要な収入を確保することにより、有機栽培など、生産力は落ちるとしても環境負荷が小さい方法で生産を行うことが可能となります。また営業にかける労力を減らし、生産のための時間を確保しやすくなります。消費者にとって CSA は、農作物を買うという行為から一歩進んで、農作物の生産方法を選ぶという意味を持ちます。さらにナチュラリズムファームの大皿さんによると、CSA を行う中で、消費者は安心して食べられる農産物が手に入るというだけでなく、文字どおり、「自分自身が地域の農業のサポーターになる」という気持ちを持つようになるといいます。[16]

　一般に、ある一つの方法にはメリットもあれば、デメリットもあります。CSA には上記の利点がある一方で、利用できるのはある程度経済的に余裕のある人に限られ、また CSA で生産された農産物のみでは現在の人口を養うことはできないという限界もあります。しかし CSA に賛同する消費者は、健全な自然環境を保全したい、有機農産物や新鮮な農産物を入手したい、地元の農業や生産者を守りたい、生産者との交流を楽しみたい、子どもを豊かな自然に触れさせたいなど、農産物を消費する際に従来型の「よい品をより安く」にとどまらない価値観を持ち、そのための手段として CSA を選択しているといえます。これは換言すると、環境保全、地域社会の維持・発展など別の価値観が入ることによって、農業生産において必ずしも利潤や生産力を第一にしなくてもよくなることを意味します。

　CSA は草の根の市民運動（civic movement）の一種といえるでしょう。市民運動とは大まかに言えば社会問題の解決に向けた人々の運動（社会運動）の一つで、反戦平和、原水爆禁止、環境問題、人権問題など個別のテーマに対して、さまざまな職業や立場の人々がその課題の実現に向けて連帯して行動することをいいます。CSA の場合は、環境、生産、消費、健康などの問題の解決のため生産者と消費者がともに協力しています。市民運動の過程では行政や政治家

16）　神戸市 HP（http://kobeliveandwork.org/farmers/2474/）より。〔2019年 3 月23日閲覧〕

や企業に働きかけることもあれば、CSA のように、一般の人々に新たな理念や社会構想を提示して社会意識の変化を目指すこともあります。とりわけ草の根の市民運動は、各参加者が個人としての独立性、自発性、責任感をもとに、各自の交流ネットワークを生かして、身近な活動をとおして運動を進めるという特徴を持ちます。CSA に関わる生産者や消費者は草の根の市民運動を行っているといえるでしょう。前述の大皿さんは「CSA という仕組みの基本には『応援／支え合い』の意識がある」と言います[17]。「食べる」という身近な行為にも別の選択肢はあり、何を選択するかによって社会は変わる可能性があるのです。

17) 神戸市HP・前掲注(16)。

Step 6　自分でやってみよう！

　CSA 以外にも、現在、「食べる」ことをめぐってさまざまな動きがあります。例えば地産地消や子ども食堂など。他方、地球上で人々が食べ続けることができるようにするために、生産技術の改良や昆虫食、宇宙での食品開発などの研究も進んでいます。「食べる」ことに関する生産や消費をめぐる動きを調べてみましょう。

【参考文献】
木村康二(1993)「コメ生産における化石エネルギー消費分析」『農業経済研究』65(1):46-54頁
瀬岡和子(2014)「昭和30年代におけるスーパーマーケットの誕生と『主婦の店』運動——吉田日出男と中内㓛を中心にして」『社会科学』44(1):1-34頁
東京農業大学「現代農学概論」編集委員会編(2018)『現代農学概論——農のこころで社会をデザインする』朝倉書店
トーマス・ライソン(2004=2012)『シビック・アグリカルチャー——食と農を地域にとりもどす』北野収訳、農林統計出版
World Bank(2008) *Agriculture for Development*, World Bank.

12章

■キーコンセプト
グローバル化、互酬、産業化、市場経済

▷関連章
10章
11章

Step 1　あなたはいくつのモノを持っていますか？

　私たちの周りにはたくさんのモノがあふれています。身につける
ものだけでも、シャツ、ズボンやスカート、靴、アクセサリー、カ
バンなど。カバンの中には本や筆記用具、ケータイ、化粧品など、
今ここにいるみなさんの周りだけでも多くの種類、多くの数のモノ
があることが実感できるでしょう。これらを数えあげてみれば、驚
くような数になるになるはずです。

　それでも、今持ち歩いているモノだけならせいぜい、数えること
ができるくらいです。自宅に帰って、「自分のもの」を数えようと
すれば、キリがないほどたくさんのモノを所有していることが実感
できるでしょう。モノにあふれた「豊かな社会」は、今となっては
当たり前のもののように思われるかもしれませんが、実は古今東西
を見回してもまれなものです。近代になって、産業化と市場経済の
拡大が進んだことが、爆発的にモノの供給と需要を増やし、豊かな
社会を生み出しました。大量にモノを作って、大量に売り買いをす
る仕組みができることで、たくさんの人がたくさんのモノを簡単に
手に入れることができるようになったのです。この章では、このよ
うな豊かな社会がどのようにして成り立っているのか考えてみま
しょう。

Step 2　考えてみよう！

> 【質問】あなたが身につけている衣服がどこで作られているのか、タグを見てみて下さい。簡単なリストを作ってみましょう。

> 【アイデア交換】グループを作ってリストを見せ合い、どこの国が多かったか話し合ってみましょう。

Step 3　買うこととグローバル化

　みなさんの身につけているもののうち、一体どれだけが日本製だったでしょうか。ほとんどが外国製の商品だったのではなかったでしょうか。おそらく多くが中国製で、ベトナム製やインドネシア製もあったかもしれません。じつは日本で消費されている衣料品のほとんどが輸入品というのが実態です。[1] これが生産のグローバル化と呼ばれる現象です。図表12-1を見て下さい。棒グラフは日本国内での衣料品の供給量、折れ線グラフは衣料品のうち海外生産品の占めている割合を表しています。このグラフを見ると、日本の衣料品市場において80年代後半以降急激に輸入比率が増えていることがわかります。またそれに呼応するように衣料品の供給量も全体として増加しています。

　ではこのような変化の背景には一体何があるのでしょうか。Step 2で、身の回りのモノがどこの国からきているかを見ましたが、それらの国々には何か共通点がなかったでしょうか。おそらく欧米地域の国はほとんどなかったのではないでしょうか。そして、

1）実際に日本繊維輸入組合の統計（https://www.jtia.or.jp/toukei/toukei.htm）で、2018年の衣料品輸入状況をみると、最も多く輸入しているのが中国製品で約70万t（64.8％）にものぼります。その後は、2位がベトナム、3位バングラディシュ、4位インドネシア、5位カンボジアと並んでいます。

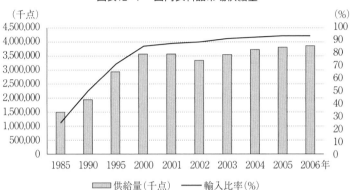

図表12- 1　国内衣料品市場供給量

出典）経済産業省「繊維統計年報」・財務省「貿易月報」をもとに中小企業基盤整備機構が作成した文書「繊維産地の概況と展望」（2018年1月10日アクセス）の図表3を筆者が加工。

アジアの発展途上国や新興国と呼ばれる国々が多かったでしょう。ではなぜこれらの国々からの商品が私たちの身の回りにあふれているのでしょうか。まずアジアの国であるというのは、日本と地理的距離が近いため運搬しやすいということを意味します。かさばる衣料品を遠くから運ぶのはコストの点で合理的ではないからです。

　発展途上国であるという点は輸入元の国としてさらに重要な条件です。先進国か発展途上国かは、その国の技術や産業の発展度合い、豊かさの度合いによって決まりますが、通常1人当たりのGDP（国内総生産）を指標とします。そして1人当たりのGDPはその国における賃金に比例しています。衣料品の生産（特に縫製）はたくさんの人手を必要とする労働集約的な産業なので、賃金の水準によって、衣料品生産のコストは大きく変わります。IMF（国際通貨基金）のデータによれば、2018年の中国の1人当たりGDPは日本の約4分の1ですが、それより20年ほど前の1995年時点ではなんと50分の1でした。[2] 日本の衣料品市場に大量の中国製品が流入したのは、日中間の巨大な賃金格差が背景にあったといえます。生産性があまり変わらず、賃金がはるかに安い労働力が大量に供給されている国がすぐそばにあるなら、そこで生産した方が同じものを安く

2）2018年時点での名目GDPは中国が日本の倍以上ですが、1人当たりの豊かさや賃金でいうと、いまだ日本に比べて中国の方がはるかに低いのです。

3）1980年代以降に急激に衣料品の輸入比率が上昇しているのは偶然ではありません。これは中国が鄧小平の下で「改革開放」政策を採用し、市場経済を導入していった時期です。それまで社会主義の統制経済体制によって外部の経済から切り離されていた中国が、グローバルな市場経済に開かれるようになったのです。これにより、日本の十倍以上の巨大な労働力が世界経済の中に出現し、中国国外の企業もこぞってこの労働力の巨大なプールを活用しようとしました。

4）ファストファッションとは、ファストフードと同様に、安い衣服を大量に供給するという服飾産業の形態を指します。ただし、一口にファストファッションといっても、その実態はそれなりに多様であるため、以降はユニクロを典型とし

作れるということです。[3]

　中国の労働力とグローバル化をうまく利用して発展したのが、ユニクロに代表されるいわゆる「ファストファッション」です。[4]多くのファストファッションは、低賃金地域の工場に生産を委託し、大量の衣料品を安く生産し、流通業者を通さず販売するという、大量販売かつ高収益のビジネスモデルを構築することで、発展してきました。生産コストを下げ、中間コストを省くことで、相対的に高品質低価格な商品を販売することが可能になったのです。

　先進国の消費者はより安くより良いものをより多く買うことができるようになり、途上国は製品の輸出によって外貨を獲得し、資本を蓄積し、中国のように発展していくことができる。このようにいうといいことばかりのようですが、忘れてはいけないのは、この構造が、そもそも先進国と途上国の間に巨大な賃金格差があるからこそ成り立っているということです。格差は賃金だけではありません。企業が労働者を雇うときにかかるコストには社会保険料[5]が含まれ、労働環境の整備費も入っています。途上国では労働法制による労働者の保護が不十分な場合も多いですから、労働者が職場での労働災害からほとんど守られていないこともあります。実際、ユニクロは、国際NGOから委託工場の労働環境の劣悪性を何度も非難されていますし、2013年にはグローバルなファストファッション企業から委託を受けるバングラディシュの縫製工場ビルが倒壊し、1000人以上の死者が出るという悲惨な大事故もありました。[6]そういう意味では、ファストファッション企業が獲得する利益はもちろん、私たちが安く手に入れている衣服も、文字通りに途上国の労働者の「血と汗」を吸ってできている不平等の「賜物」なのです。[7]

　さらに、自分たちよりもはるかに安価な労働力と競争することになる先進国の労働者は職を失うことになります。図表12-1で見た輸入比率を逆転させて考えれば、国産衣料品の市場シェアは、1985年の74％から2005年の6.5％まで、急激に下がっていることがわかります。こんなにも市場を失えば、当然生産業者は大打撃を受けま

す。この間に日本の衣料品生産業は次々と廃業し、事業所数も激減しています。これと同様のことは、現時点で賃金の低い途上国でも起こりえます。ファストファッションのビジネスモデルの根本にあるのは安価な労働力による低コスト生産ですから、企業は賃金水準が上がってくるとさらに賃金の低い地域に委託工場を探そうとします。実際、中国の沿海部から内陸部へ、中国からベトナムへ、ベトナムからバングラディシュへと、1人当たりGDPがより低い国・地域へ日本の衣料品生産は徐々に移っています。こうした状況を乗りこえ、さらに経済が発展するには、衣料品生産のような労働集約的で付加価値の低い軽工業から、自動車や鉄鋼、化学製品などの、大量の設備投資と資本蓄積が必要な付加価値の高い重化学工業へと経済活動の中心が移行しなければなりません。この移行をうまく達成し、欧米の先進諸国と並ぶ豊かさを手に入れることができたのは、日本とかつてNIEs（新興工業地域）と呼ばれた台湾・韓国・シンガポール・香港といった限られた国々に過ぎません。

Step 4　買うことと近代

　現在の日本社会では、衣服は簡単に手に入れることができる消費財になっていますが、こうした状況は比較的最近の、高度経済成長期以降のことです。といっても、豊かな社会が到来したその頃と比べても、現在の衣料品の消費量は、はるかに多く、また増え続けてもいます。

　Step 3の図表12-1をもう一度見て下さい。1985年から2006年にかけてのごく最近の期間だけ取っても、私たち一人ひとりが消費する衣料品の数は大きく増えています。1985年から2005年の20年間に供給量は2.5倍に膨らんでいます。ところが実は1985年と2005年の衣料品販売額はほとんど同額です。これが意味するのは、販売数量の著しい増加と反比例するように、衣料品一点当たりの単価が下落したということです。価格が下落することで私たちは衣服をより買

て記述していきます。

5）社会保険料とは、社会保険に加入すれば支払わなければならない保険料です。一般的に学生のアルバイトはほとんど加入する義務がないので実感を持ちにくいかもしれませんが、学校を卒業して労働市場に本格的に参加すれば、強制的に加入することになり、通常は給料から自動的に社会保険料を引かれます。この社会保険料は、労働者だけでなく、企業や国によっても負担され、それによって、病気やケガ、事故、失業などのリスクに備えることができるようになっています。

6）この事故を含むファストファッションの引き起こす問題については「ザ・トゥルー・コスト」というドキュメンタリー映画で鮮明に描かれています。

7）同じ商品の生産を担う労働者とその消費者の間の不均等も巨大です。ファストファッションの衣料品は先進国消費者にとっては安価であっても、それを生産する地域の賃金水準の低い人々にとっては、高額で簡単には手の届かない商品です。

8）たとえば江戸幕府では、武家諸法度が武士の身分にしたがって服の形や生地などの服装のコードを定めていました。また、農民は、布や木綿しか着てはならないが、名主は紬（紬糸で織った平織りの丈夫な絹）を着ることができるというように非常に細かいルールがありました（田村（2011））。

9）北山（1991）。

いやすく、手に入れやすくなりました。このように、ここ二、三十年ばかりを考えても、私たちは、以前よりたくさんのモノを、より安価により簡単に手に入れることができるようになっているのです。

　たくさんのモノを買って手に入れることのできるのが当たり前という社会の出現は、近代化という歴史的な大変動によって実現した比較的新しい現象です。最も身近で大量に消費されているモノの一つである衣服も例外ではありません。近代化以前の社会では、自分の好きな服を自由に選んで買うなどということは、ほとんどの人にとってありえないことでした。何を着てよいかは、その人の身分や立場といった社会的属性を反映して決められていました。日本の江戸幕府やヨーロッパの絶対王政などの伝統的な身分制社会では、身分によって着て良い服のデザイン・色・素材などが細かく決められており、このルールに逆らえば制裁が下されました[8]。こうした状況を覆したのが、近代の始まりともいわれるフランス革命です。フランス革命によってほかの様々な権利とともに、誰もが自分の好きなように服を着る「服装の自由」という権利を得ることができました。

　しかし、好きな服を着る権利を獲得したからといって、すぐに服が手軽に買えるようになるわけではありません。たとえば、フランス革命の直後では、一般庶民は一着の服を年中着回していたといわれています[9]。現在、私たちが日常的に買い、捨てる衣服は、当時はそれほど貴重品だったのです。この状況が変化するには、政治的革命だけでなく、生産体制の革命が必要でした。産業革命です。それまで人力や家畜の力をエネルギーにし、人の手による作業に頼っていたモノの生産は、石炭や石油などの化石燃料や電力といった無生物エネルギーを利用して稼働する、複雑な機械によって行われるようになりました。技術の発展に加え、大規模な工場とその中での分業が確立されたことで、大量生産体制が徐々に整っていきました。その後、長い時間をかけ、機械化と生産の大規模化が進展して生産性が大幅に上昇し、衣服は相対的に手に入りやすいモノとなってい

きます。ファッションという流行現象が、購買力の低いはずの一般庶
民の若者まで巻き込むようになるのはあくまでもその後のことです。

　産業化は、まず英国で起こり、その後近隣の西欧諸国（独仏蘭な
ど）や、アングロサクソン系の旧植民地（米豪加）に伝播していき
ます。現在「先進国」とみなされている国々です。これらの国々は、
産業化によって増大した生産力を背景に、アジアやアフリカの多く
の国を植民地にしていきます。すでに植民地となっていた中南米や
東南アジアの国々には、原材料生産の役割が与えられ、大規模なプ
ランテーション農場[10]で綿やゴム、コーヒーや砂糖キビ、タバコなど
の換金作物が作られるようになりました。こうしたプランテーショ
ン農場は極めて労働集約的な生産体制なので、そこで働く人々は非
常に低い賃金の下に置かれ続けました。賃金が払われるのはまだよ
い方で、プランテーションでは長らく奴隷が労働力として使われ続
けました。奴隷制度はほとんどの国で19世紀になるまで合法でした。

　奴隷制度は公式には世界から姿を消しましたが、実態において消
滅したといえるかは微妙な問題です。Step 3 で説明した低賃金の国
は、すべて旧植民地や植民地になりかけた国です。逆に先進国とさ
れる賃金の高い国は、ほとんどすべて植民地を支配する側の宗主国
だった国です。日本も例外ではありません。米加豪のアングロサク
ソン系三国は、植民地であったにもかかわらず早くから経済発展を
遂げた国々ですが、他の旧植民地にはないこれらの国の共通点は、
ヨーロッパからの移民がマジョリティを占め続けた白人の国である
ということです。つまり、奴隷制度や植民地が廃止され、人種差別
が弱まったとはいえ、宗主国／植民地や白人／有色人種の間に近代
初期から存在する巨大な不均衡は、現在でも消え去ったわけではな
いのです。ここには近代の持つ暗い側面が垣間見えています。そし
てそれは、私たちがモノを買うということの裏面に存在するものな
のです。[11]

10）植民地で始
まった、単一の作
物を大規模に栽培
する農園。

11）A. G. フラン
ク（1979＝1980）
は、先進国／旧宗
主国と発展途上国
／旧植民地の間に
続く経済格差や後
者の「低開発」を、
前者による後者の
搾取の結果として
分析しました。こ
の観点からすれ
ば、先進国となっ
た地域が発展した
のは、旧植民地か
ら奪った経済的余
剰の蓄積と再投資
によるものであ
り、旧宗主国の発
展と旧植民地地域
の低開発は裏表の
関係にあるのです。

Step 5　市場経済と互酬

　日本社会に生きる私たちが衣料品をより安くより簡単に買えるということの背後には、近代化やグローバル化という世界規模での大きな変化がありました。その変化の核心の一つは、市場によってモノが交換される領域が拡張されていったということであり、現在では市場経済は国境を越えて結合されているとみなされています。この観点からすれば、市場における自由で障壁のない取引はどんどん広がり、もはや私たちの生きる世界の隅々にまで及んだようにも思えます。では、私たちの社会でモノを手に入れるには、市場を通して「買う」ことしか選択肢はないでしょうか。

　市場を介したモノの交換が主流となったのは、人類の長い歴史から見れば実はごく最近のことです。経済人類学者 K. ポランニー（1944＝1975）によれば、市場を介したモノの交換は、ごく最近まで限られた範囲でしか行われておらず、「互酬」（お互いに酬いること）や「再分配」（集めて分けること）という形でモノをやり取りする方がはるかに当たり前のことでした。人類の歴史のほとんどを占める、狩猟採集の時代においてはもちろん、農耕革命から現在に至る約 1 万年ほどの期間においても、人類の大部分は自給自足型経済の中で暮らしていました。そうした社会で人々は、食糧を自ら手に入れ、あるいは同じ共同体のメンバーからもらったり、分け合ったりしていました。これは食べ物だけに当てはまるのではなく、身の回り品の多くもそうして手に入れていました。

　では現在ではどうでしょうか。意外かもしれませんが、互酬という形でのモノのやり取りは今の私たちの社会でもそれなりに生きています。たとえば友達や家族、恋人といった大切な人からプレゼントされたことはないでしょうか。そうしてプレゼントされたモノは、ときに値段に関係なく、自分にとって特別なモノとして、重要な意味を持つことがしばしばあります。

　プレゼントを「互酬」と呼ぶのは違和感があるかもしれません。プレゼントとは無償の贈与であって、お互いに対して酬いることではないのではないか、と。でも、考えてみて下さい。自分に誕生日プレゼントをくれた人には、やはり誕生日プレゼントをあげないでしょうか？　クリスマスにはプレゼント「交換」をしなかったでしょうか？　バレンタインデーにチョコレートをもらえば、ホワイトデーにはお返しを渡すのではないでしょうか？　なんであれプレゼントをあげた人は同じ機会に自分ももらえることを期待するでしょうし、もらえなければ不愉快になるでしょう。実はプレゼントという贈与は、一方向的なものではなく、お互いに与えあうことなのです。お中元やお歳暮というのは、もっと直接的なモノのやり取りであり、明確な互酬です。田舎や古くから付き合いのある近隣での「おすそ分け」という行為も同じです。田舎に引っ越した都会人は、近隣の地元人から大量のおすそ分けをもらって「田舎の人はなんて親切なんだ」と感動するものの、それが一方的な贈り物だと誤解して何のお返しもしないため、次第に周りから疎遠になるという話があります。これは互酬であることを理解していなかったためだといえるでしょう。

　上のいくつかの例は互酬関係の特徴を表すものです。つまり、互酬関係とは、お互いに酬い合うことなので、先に何かをあげた側にはそれに酬いてもらえることを当然のこととして期待しますし、もらった側には義務が発生します。ただし、お返しをしなくていいという都会人の誤解からわかるように、この義務はあくまでも暗黙のルールで、法のように明文化されたものではありません。それゆえに、暗黙の前提（「常識」と呼ばれることもあります）を共有していない場合には義務としての拘束力を失ってしまうわけです。

　互酬関係のもう一つの特徴は、モノの交換が即座に行われるわけではなく、また必ずしも等価交換である必要がないことです。売買という市場で行われる取引は、モノとお金が即座に交換され、お金の価値とモノの価値は釣り合っていなければなりません。即座に商

品を引き渡さなかったり、商品の価値が支払われるお金をはるかに下回っていれば、不当な取引だといわれたり、場合によっては詐欺だということになります。

　これに対して互酬関係におけるモノのやり取りはそうではありません。まず、往々にして即座にやり取りが完了しません。誕生日プレゼントやバレンタインがそうであるように、またおすそ分けがそうであるように、先に贈与した側がお返しをもらうのは時間をおいてからであることもよくあります。次に、交換されるものの価値や量が等価であるとも限りません。たとえば、片方がお金持ちであったり、片方だけ働いていればそちらの方が高価なものをプレゼントするのはおかしなことではありません。また、片方が手作りのものを贈り、もう片方がお金で購入したものを贈るというのも珍しくないでしょう。贈り物のやり取りがしばしば気持ちの問題だというのはこれゆえです。この「気持ち」というのは別にきれいごとではなく、そこにある関係性の複雑な事情をその一言で表現しているわけです。互酬関係においては、即座の等価交換でないことで、「気持ち」と表現されるような、微妙な貸し借りを含んだ豊かな意味が込められ、次のやり取りへとつながっていくため、関係性を維持する作用が生じます。[12]

　このように互酬関係におけるモノのやり取りと市場での売買を対比したからといって、どちらかが優れているという意味ではありません。これらはまったく違った関係性を前提にした、質の違う取引なのです。市場における取引は、匿名の関係性の中で行われるものであり、それゆえに即時的な等価交換でなくてはいけません。逆に、互酬では、すでにお互いに知り合いであり、関係性のある人同士がやり取りをするので、暗黙のルールが機能し、等価交換でなくとも、一定の公平性が維持されます。一方は大量の匿名の人と取引するという前提において合理的なものであり、もう一方は顔なじみの知り合いとモノをやり取りするという前提において合理的なものです。あるいは、一方はモノを手に入れるという点で便利な手段で

12) 関係性を維持し、強めるというのは、文脈によっては問題含みになりえます。たとえば、その関係性において、力関係の不均衡が大きかったり、自分の利益のために一方的にその関係性を利用しようとする参加者を統制できない場合です。そうした場合には、互酬が互酬として機能せず、一方的な搾取関係や利用する側とされる側の不均衡が生じるでしょう。

あり、もう一方はモノを介して関係性を強めるという長所を持った
手段であるといってもいいかもしれません。

　こうした見方をするならば、私たちの生きる社会は、モノを買う
という点でどんどん便利になっており、より多くのものがより簡単
に手に入るようになっていますが、同時にモノを交換することに
よって関係性を維持し強めるというメカニズムが働きにくくなって
いる社会だといえるのかもしれません。しかし、それでもプレゼン
トの例が示しているように、互酬関係におけるモノのやり取りが私
たちの社会で消え失せてしまったわけではありません。市場におけ
る取引が拡大し、ほとんど当たり前といえるようなものになったこ
とと引き換えに、機会が少なくなったからこそ、そこにより特別な
意味が込められているともいえるでしょう。

Step 6　自分でやってみよう！

　白地図上に、あなたの家にあるモノの生産地（原産国）をできる
だけたくさん記入してみましょう。どこの国が多いでしょうか。ま
た衣料品や食べ物、玩具など、種類によってどんな違いがあるで
しょうか。

【参考文献】
　北山晴一（1991）『おしゃれの社会史』朝日選書
　田村正紀（2011）『消費者の歴史——江戸から現代まで』千倉書房
　アンドレ・G・フランク（1979＝1980）『従属的蓄積と低開発』吾郷健二訳、
　　　岩波現代選書
　カール・ポランニー（1944＝1975）『大転換——市場社会の形成と崩壊』
　　　吉沢英成・野口建彦・長尾史郎・杉村芳美訳、東洋経済新報社
　『ザ・トゥルー・コスト——ファストファッション真の代償』アンドリュー・
　　　モーガン監督（2015）

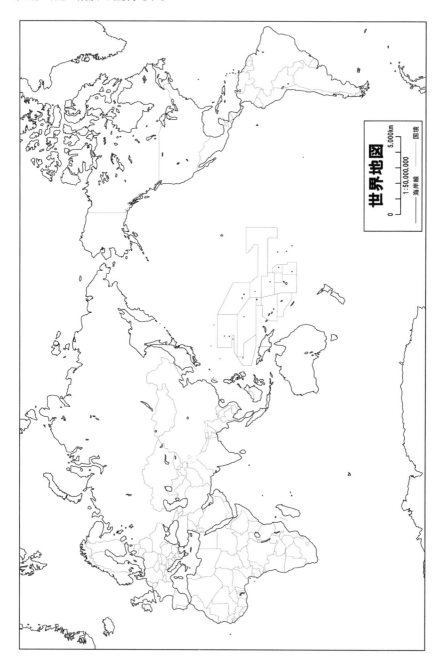

13章

学　ぶ

■キーコンセプト
規律、権力、主体、排除／包摂、排除個人性

▷関連章
1章
14章
15章

Step 1　何を、どこで、学んできたのだろう？

　「学ぶ」と聞いて、皆さんは何を思い浮かべますか。教科書、授業、宿題にテストなど、多くは学校にまつわることかもしれません。

　しかし、学びには、いろいろなものがあります。たとえば、見つけた昆虫をワクワクしながら図鑑で調べることも、お手本を見てイラストの練習をすることも、「学ぶ」ことに違いありません。

　さらに広げて考えると、私たちが今持っている知識には、いつの間にか学んできてしまったものも多いことに気がつきます。あなたは自分の名前をいつ、どうやって覚えましたか。どんなときに「ありがとう」というべきか、どのように学んだのでしょうか。今あなたが知っていることはすべて、どこかで学んできた結果なのではないでしょうか。

　何をどこでどのように学んできたのかを問うことは、実際のところ、今のあなたを「あなた」にしているものは何かを問うほどの広がりを持ちます。この章では、そのような根本的な問いを見据えながら、「学ぶ」ことと「わたし」との関係を探ってみたいと思います。

Step 2　考えてみよう！

【質問】あなたが知っている身の回りのルールやマナーには、どのような
ものがありますか。思いつく限りたくさん挙げて下さい。また、それら
を、(A) 自分が「そうしたい」と思ってやっていることと、(B) 正直な
ところ窮屈だったり、他にやり方がある気がしたりするけれども、「そう
するべき」だと思ってやっていることに、分けて下さい。

【アイデア交換】あなたの挙げたルールの例と分類を、グループの人と比
べてみましょう。どれくらい共通のものがありましたか。逆に、どんなと
ころが違いましたか。考えたことを話し合ってみましょう。

Step 3　適応の学習？

　いかがでしたか。人による違いはあっても、私たちがたくさんの
ルールを身につけていることを確認できたのではないでしょうか。
　私たちは幼いときから、家庭や学校で多くのルールを学んでいま
す。それだけでなく、周りの大人の振る舞いや友達の反応、広告や
SNS など、ありとあらゆる媒体から、何が「良いこと」なのか、
どの場面でどう振る舞うのが「望ましいこと」なのか、絶えずメッ
セージを受け続けています。
　一般的に、「一体これまで何を学んできたんだ」というセリフは
(言い方にもよりますが)、学習が足りないことの叱責だと理解されま
す。そしてそうした叱責は若者に向けられがちです。しかし、社会
学的に見れば、あなたたちはすでに多くのことを学んできたし、場

合によっては、学び過ぎているとさえいえるかもしれません。そうでなければ、なぜ、みなさんは、大学の授業で、90分も椅子に座り続けていられるのでしょうか。時々立ったり歩いたりしたほうが、身体的には楽なはずです。それなのに長時間（堅い椅子に！）座ったままでいるのは、授業という場にどんな振る舞いがふさわしいかを、よく心得ているからに他なりません。また、コンパやカラオケでできるだけ楽しそうにするのも、電車内できょろきょろせずスマホの画面に目を落とすのも、すべては、その時々にどういう振る舞いが求められているかを、よく知っているからでしょう。

　Step 2 では、そうした知らずしらずのうちに従っている決まり事を、二つに分けてもらいました。もちろん、厳密には、「やりたいこと」と「やるべきこと」は完全に別のものとは限りません。ある振る舞いが社会的に望ましいとされているとき、それらはすべて「そうするべき」という規範性を含んでいます。しかし、それが自分の望むやり方と一致している場合には、そうした規範性はほとんど気にならず、自由に振る舞っているとすら感じられるでしょう。一方、規則や慣習、また、みんなが「当たり前」としてやっていること（だからあなたも同じようにやらなきゃいけないよという圧力）に少しでも違和感を持つ場合には、それらは窮屈だったり不自由だったり、いずれにしても自分を外から抑え込むものとして感じられるはずです。ここには、社会が求めるものと、個人が望むものの関係という、社会学の核心に位置する問題が潜んでいますが、このことについては、後ほどあらためて考えてみたいと思います。

　図表13-1を見て下さい。これは、日本に暮らす10代から50代の人が、中学時代に経験した主な校則をまとめたものです。[1]「体育や部活動時に水を飲んではいけない」など、健康上のリスクのある校則は減っています。他にも、中学時代に「強く叩かれた」ことがある人は、50代では14.5%に上る一方で、10代では2.5%にとどまることが、同じ調査で示されています。廊下に立たせる、正座をさせるなども含めて、直接的な体罰は減少傾向にあります。他方、「ス

1）調査は、有志のジャーナリストや社会学者らが立ち上げた「ブラック校則をなくそう！プロジェクト」によります。データ詳細は、荻上・内田（2018）を参照。

図表13-1　中学時代の校則

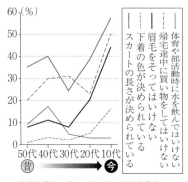

50代　40代　30代　20代　10代
㊀（昔）　　　　　　　　　　（今）

体育や部活動時に水を飲んではいけない
帰宅途中に買い物をしてはいけない
眉毛をそってはいけない
下着の色が決められている
スカートの長さが決められている

出典）荻上・内田（2018）21頁より作成。

カートの長さが決められている」「眉毛を剃ってはいけない」「帰宅途中に買い物をしてはいけない」など、身だしなみや振る舞いに関する校則はより厳しくなっています。中には、下着の色が決められているなど、セクハラが疑われるものも含まれるほか、地毛を黒染めするよう要求するなどの理不尽な校則もあります。黒染めを要求されたことのある10代の割合は、中学時代で2.5%、高校時代になると6.3%に上ります（50代では、それぞれ0%と0.9%です）。

　こうして見ると、現代の日本の中学校は、以前に比べて、確かに「非暴力的」になっています。しかし、だからといって、学校生活がのびのび過ごしやすくなったとは、一概にいえないようです。むしろ、身だしなみや振る舞いが一層厳しく制限されることで、学校生活が別の意味で窮屈になっている可能性もあります。

　一般的なマナーやルールに比べると、校則は、いかにも特殊なルールです。校則には、一般社会では見られない規則がたくさん含まれます。とはいえ、学校教育は、社会全体の価値観と無関係ではありません。また、「わたし」という存在が、多くの場合、学校生活を経て作り上げられていくことを考えると、校則には、特例といって済まされない重要性があります。

　ここで少し立ち止まって考えてみたいのは、校則であれ、一般的ルールであれ、そもそも、社会が、個人の振る舞いや生活の仕方を細かく規定することには、どういう意味があるのかということです。また、そうした規則のあり方を、社会や集団の前提として受け入れることは、「わたし」という存在にとって、どのような意味を

持つのでしょうか。Step 4 では、そうした点について、理論的な観
点から考えてみたいと思います。

Step 4　「従属する主体」としての個人

　フランスの思想家、M. フーコーは、近代社会がなぜこんなにも
窮屈なのかを問い続けた人でした。彼は、代表作『監獄の誕生』
(1975＝1977) の冒頭で、印象的な二つの刑罰の様子を対比してみせ
ます。[2] 一つは、18世紀半ばのフランスの身体刑で、もう一つは、19
世紀の少年感化院と呼ばれる矯正施設の様子です。

　かつての身体刑は、目を覆いたくなるほど残酷です。王の殺害を
企てた者は、民衆の前でたっぷり苦しめられたあと、八つ裂きにさ
れます。そうすることで、王は、自らの力を象徴的に知らしめるこ
とができたからです。フーコーは、こうした旧いタイプの権力を、
「王の権力」と呼びました。王の権力は、叛逆などの重罪に過剰な
ほど残酷な刑を科しますが、それ以外の民衆の生活の細部には、た
いした関心を払いませんでした。それはいわば、「死なせるか、生
きるままにしておくか」の権力でしかなかったのです。

　他方、少年感化院の生活には、身体刑のような荒々しさはありま
せん。代わって全体を支配しているのは、起床から就寝まで、ほと
んど分刻みで行動を規定する日課と、それを粛々とこなす少年たち
の「規律・訓練」の徹底ぶりです。

　私たちは、通常、近代的な刑罰のほうが「優しい」と考えます。
なるほど矯正施設での生活は、八つ裂きの刑に比べて、はるかに穏
やかです。しかし、フーコーは、見たところの穏やかさの影で、社
会が巧妙に、しかし徹底的に、個人をコントロールする方法を発展
させていったことを、鋭く問題視します。それが「規律訓練型」の
権力、いわば「規格どおりに生きさせる」タイプの権力です。

　フーコーが注目する「パノプティコン（一望監視施設）」は、そう
した権力のあり方を象徴する建造物でした（図表13-2参照）。それ

2）フーコーを解説した入門書は多いですが、本書を中心に解説したものとして、重田(2011)を参照。

図表13-2　パノプティコン

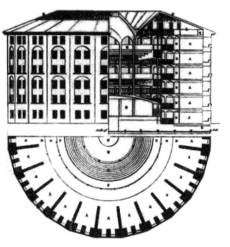

出典）フーコー（1975＝1977）挿絵17。

は、イギリスの思想家、J. ベンサムが18世紀後半に考案した監獄で、中央の監視塔を囲むように円形型に独房を配置しています。中央の監視塔の中は、囚人からは見えづらく、看守がどこを見ているのか、判然としません。しかし監視塔からは、独房の様子がよく見えるので、囚人は、つねに監視されている不安の中に置かれます。結果として、囚人は、いつ見られても構わないように、自分で自分の行動を律することを学びます。いわば、看守の目を内面化するわけです。そうなると、囚人自身が自らの看守役を演じるために、暴力的手段に訴えなくても——極論すれば、監視塔の中に看守がいなくても——、囚人はルールから外れた振る舞いを自制するようになります。[3]

　こうした管理の方法の要点は、フーコーの言葉でいうなら、個人を「従順な身体」として作ることにあります。規律に従順な人間が作れたなら、それらを集団として制御することも簡単です。実際のところ、先生の合図一つで整列する生徒たちと、号令によって一糸乱れぬ行動をとる兵士、また、始業とともに（ときには不本意な残業をしても）会社の目標のために働く労働者の姿が、どこか似通っているのは、偶然ではありません。それらは、管理者にとっては非常に扱いやすい「従順な身体」の集まりだといえるからです。

　こうしたフーコーの権力の見方には、いくつかの特徴があります。第一に、規律訓練型の権力——フーコーは、晩年、「生権力」[4]

3）このような構造は、監視カメラに当てはめて考えることもできます。街中で「監視カメラ作動中」という標識を見ると、私たちは何となく自分の行動を抑制します。しかし、監視カメラは、実は作動していないかもしれないし、ダミーかもしれません。それでも、「見られている（かもしれない）」と思うだけで、抑制力が生まれてしまうのです。

4）社会が人々の身体を規律訓練するだけでなく、出生率、長寿、公衆衛生、住居、移住といった人口調整の問題にも介入することを批判的に考察する概念。フーコー（1976＝1986）参照。

という言い方もしました――は、王のような絶対的権威に集中する権力ではありません。それはむしろ、私たちの身の回りに置かれた細かい工夫の寄せ集めとして効力を持つ権力です。学校を例にとりましょう。そこでは、机と椅子が教卓に向かって一方向に配置され、座席が指定され、時間割が定められ、試験が行われ、学級委員や班長が決められます。そうすることによって、生徒が決まった席に座り、先生から一望監視され、チャイム一つで教室を移動し、他の生徒に迷惑がかからないよう努力し、落第しないよう勉強するための環境が整えられます。規律訓練型の権力は、このように、空間、時間、活動に関する具体的で小さな仕掛けを通して、私たちの行動をいつの間にか規制してきます。

　第二に、こうした権力は、制度や法律といった明確な形をとるとは限りません。フーコーはむしろ、人々の何気ないまなざしや相互作用の中にこそ、権力性が潜むことを指摘しました。たとえば、初対面の人に「高校3年生です」と自己紹介すると、「大学受験だね」といわれ、「大学3年生です」というと、「就活だね」と返されることがあります。このような、いかにも取るに足らないやり取りの中にも、暗黙のうちに、「何が標準か」「何が望ましいライフコースか」を伝えるメッセージが織り込まれています。そうした台詞が、随所で、当たり前のように、そして繰り返し語られるほど、そこから外れた選択をすることが「おかしいこと」であるかのように感じられます。

　最後に、フーコーの語る権力は、強制的であるとは限りません。むしろ、多くの場合、私たちは、周囲が設定する価値観に従うことを自ら選択しているのです。フーコーは、「主体（sujet）」というフランス語が、「臣下」という意味をあわせ持つことに注意を向け、主体には、二つの相があることを論じます。つまり、近代社会が価値を置いてきた主体とは、よく信じられているように、真に創造的で自発的な人間であるよりはむしろ、社会が望むような振る舞いを自ら進んで行う人間に過ぎないのではないかというのです。確かに、よく考えてみると、非行や逸脱は、与えられたルールに抵抗す

5）これは英語でも同じです。辞書で "subject" と引いてみて下さい。

る「主体的」な行為のはずですが、それが主体的な行為として評価されることはありません。また、多かれ少なかれ、規律訓練的な教育を受けてきた私たちは、ルールに従うことを当然と考え、それが自分の望んでいることなのかどうかなど、いちいち気にしません。Step 2でそれをあらためて問われて困った人もいるでしょう。フーコーは、こうして、近代の標準的な主体とは、要するに、集団から外れないように自らを押し殺すことに慣らされた人間のことではないかと、問いかけてくるのです。

　人は、社会や集団の価値観を学ぶことによって、そこに適応することができます。1章でも見たように、それ自体は悪いことではなく、むしろ社会生活に必要なことです。しかし、フーコーの理論で見たように、既存のルールに盲目的に従うだけなら、自らを、社会に従順な身体として道具化することにもなります。

　ここで気になるのは、学ぶということが、すでに用意された知識や価値観を受容することに尽きるのかどうかということです。もしそうなら、学ぶとは、既存の枠組みの中へ自分を押し込むための（いわば「おりこうさん」になるための）努力でしかなくなります。しかし、それは本当でしょうか。それとは違うやり方で、社会や自分との関わり方を学ぶことはできないのでしょうか。

　Step 5では、フーコーとは違う形で、社会と個人の関係を論じたドイツの社会学者、N. ルーマンの議論の中に、こうした問題を考えるための手がかりを探したいと思います。

Step 5　既存の枠組みを問う

　ルーマンは、社会と個人の関係を、包摂と排除の関係として捉えていました。ただし、ルーマンのいう「包摂」と「排除」は、かなり独特の意味で使われているため、注意が必要です。[6)]

　私たちは通常、排除とは否定的で差別的な待遇のことだと理解し、包摂とは、そうした問題を改善して、社会に受け入れていく望まし

6）ルーマンの理論は、特殊な用語が多いために、理解が難しいとされますが、G. クニール／A. ナセヒ（1993 = 1995）は、入門として良いでしょう。また、H. G. メラー（2012 = 2018）も、ルーマンの理論のエッセンスを伝えてくれます。

7）こうした理解は、社会政策的な議論ではベースとなります。20世紀後半から非常に重要な概念として発展してきた「社会的排除」（および「社会的包摂」）の概要については、岩田（2008）が平易にまとめています。

い待遇のことだと理解します[7]。しかし、ルーマンにとって、「包摂」とは、ある人が、コミュニケーションの相手として認識されていることしか、意味しません[8]。たとえば、コンビニで買い物をしているときに、客として扱われるなら、その人は客としてその場のコミュニケーションに包摂されています。同じように、学校では生徒として、電車内では乗客として、路上では匿名の通行人として、人は適宜、その場の関係の中に包摂されます。その際、当の文脈に関係がないとされるすべてのことは、関心の外に「排除」されています。

　さて、重要なのは、ルーマンのいう包摂が、それだけで望ましい状態を指しているわけではないということです。むしろ、ルーマンにとって、関係性の問題はすべて、包摂のあり方の問題として考えられます。たとえば、いじめは、いじめの対象として教室内のコミュニケーションに「包摂」されることで生じます[9]。その場のコミュニケーションに関係のない人（たとえば、他の地域の見知らぬ生徒）は、そもそもいじめの対象にはなりません。関係性の外では、いじめることも、いじめられることも、できないのです。したがって、重要なのは、単に包摂されているかどうかではなく、どのように包摂されているか、ということになります。

　同様のことは、さまざまな例に当てはめて考えることができます。たとえば、女性なら家事や育児や介護を少し多めに担って当然だといわれるとすれば、それは、女性が、そのような存在として社会（あるいは職場や家庭）に包摂されていることを意味します[10]。あるいは、身体に障害があるからといって弱者として扱われることや、外見が日本的でないために（日本生まれ日本育ちであるにもかかわらず）外国人として扱われること、性的マイノリティであることによってことさら特殊な人として扱われることはすべて、それ以外の扱いを望む本人にとっては、不本意なことに違いありません。偏見の押しつけによる包摂は、そのような形で包摂されることを望まない個人にとっては、実に厄介なものです。

　以上のことから分かるように、ルーマンのいう「包摂」は、ステ

8）ルーマンの包摂と排除の概念については、ルーマン（1997＝2009）の第4章、ならびに、ルーマン（1995／1996＝2007）の第6章に邦訳があります。この概念の本章に近い解釈としては、渡會（2006）を参考にして下さい。

9）コミュニケーションという言葉には、一般的に、なんとなく良いイメージがあります。しかしルーマンによれば、喧嘩やいじめ、暴力もまた、「あなたが嫌いだ」「関係を持ちたくない」というメッセージを伝える、一つのコミュニケーションのあり方です。

10）もちろん、「男性であれば働いて当然」とされることも、同じく、ステレオタイプ的な包摂のあり方です。

155

レオタイプ化（他者の単純化）と無縁ではありません。その意味で、包摂は、いつも両義的です。というのも、人は、包摂されることで、社会に参加するための立ち位置が割り当てられますが、それは同時に、特定の役割（「キャラ」や「レッテル」）から外れた振る舞いを抑えるように迫る制約にもなるからです[11]。それによってコミュニケーションが予想どおりに行われるという（ある意味での）利点はありますが、しかし、そうした期待を窮屈に感じたり、自分が望んだ姿とのギャップに苦しんだりすることは、私たちにとって珍しいことではありません。ルーマンによる包摂の捉え方が面白いのは、このように、社会が期待するものと、個人が望むものとの間にズレがあり得ることを前提として、両者の関係について考えさせてくれるところにあります。

　では、いまの包摂のされ方がしっくりこない人にとって、そうした違和感の居場所があるとすれば、それはどのように考えることができるでしょうか。

　やや奇妙な言い方ではありますが、「排除個人性」という概念が、それに対するヒントを与えてくれそうです[12]。ルーマンによれば、包摂は、あくまで、そのつどの状況に応じて、部分的にしか行われません。「私」のある側面が包摂されているとき、他の側面は必ず排除されています。そして、「社会のルールに従う（だけの）私」や「いま人に見せている私」に括られない「私」のすべては、包摂による単純化や断片化から外れた——つまりは排除された——ところに担保されています。つまり、個人とは、社会に包摂された姿で語り尽くされるものではなく、社会がどれだけ制御しようとしても完全には制御しえない多面性、未規定性、予測不可能性を伴った存在であるということです。

　こうした見方をさらに進めるなら、次のようにいうことができるのではないでしょうか。すなわち、排除個人性とは、個人が社会と対峙したときに感じる戸惑いや違和感の居場所である、と。普段はなんとか社会と折り合いをつけながら生きていたとしても、どこか

11）ここで「スクールカースト」と呼ばれる教室内ヒエラルキーを考えてもよいでしょう。そこでは、自分がどのようなランクの生徒として組み込まれているかによって、期待される振る舞いが決められています。

12）ルーマン（1989＝2013）第3章。ただし邦訳では、排除個人性（Exklusionsindividualität）は、「排除による個性」と訳出されています。

で窮屈さや割り切れなさを感じるとすれば、それは個人が根本的に
社会と別の存在であるからに他なりません。そのように考えるな
ら、私たちが時として感じる疑問や違和感には、急いで掻き消して
しまうにはもったいない効用があることが分かります。というの
も、社会に対する違和感を手がかりにすることによってこそ、自分
というものを（ひいては自分と社会との距離感を）適切に捉え直すこ
とができるだろうからです。

　実際のところ、私たちが当たり前だとして疑わないルールや規範
は、どれほど私たち一人ひとりが納得して受け入れた価値観だった
のでしょうか。多くの場合、どこかの誰か(学校の先生、親、メディア、
友だち等) とのやり取りを通じて、いつの間にか受け入れてきた規
範のセットであることも多いのではないでしょうか。だからこそ、
あらためて考えてみたいのは、暗黙のうちに、特定の振る舞いや生
き方を標準とすることによって、そこから外れる人や、外れざるを
えない人の人生を、生きづらくすることに加担してはいないかとい
うことです。そして何より、そうした規準から外れないよう自分も
またビクビクすることで、自分自身の振る舞いや生き方の可能性を
狭めることになってはいないかということです。

　こうして考えていくと、「学び」には、異なる可能性があること
が見えてきます。すなわち、社会の枠組みに適応するための学びが
あるのとは別に、社会の枠組みそのものを問うための学びがあると
いうことです。そのような学びは、与えられたルールの妥当性を
疑っても良いのだということの気づきから始まり、受け入れてきた
価値観の意味を問い直す、継続的な知の営みとしてあります。自分
の疑問や違和感と大切に向き合い、時として他者の意見も参考にし
ながら、どれくらい慣れ親しんだものの見方とは異なる地点へと自
分を連れて行くことができるか。その上で、あらためて、納得のい
く自分なりの答えをつかむことができるか。それはおそらく、学ぶ
ということの、とても大切な側面に違いありません。というのも、
そうして手に入れたものの見方こそが、きっと、社会に押しつぶさ

れそうになったときに、自分を支えてくれる足場となるでしょう
し、さらには、社会をもう少し居心地のいいものへ変えるための想
像力を与えてくれるだろうからです。

Step 6　自分でやってみよう！

　Step 2 の質問を、できるだけ属性（年齢、所属、国籍など）の違う
人にして下さい。どのような意見が聞かれるでしょうか。また、あ
なたの体験や意見も交えて、お互いに考えたことを話し合ってみま
しょう。

【参考文献】
岩田正美（2008）『社会的排除——参加の欠如・不確かな帰属』有斐閣
荻上チキ・内田良（2018）『ブラック校則——理不尽な苦しみの現実』東
　　洋館出版社
重田園江（2011）『ミシェル・フーコー——近代を裏から読む』ちくま新
　　書
ゲオルク・クニール／アルミン・ナセヒ（1993＝1995）『ルーマン——社
　　会システム理論』舘野受男・池田貞夫・野崎和義訳、新泉社
ミシェル・フーコー（1975＝1977）『監獄の誕生——監視と処罰』田村俶
　　訳、新潮社
ミシェル・フーコー（1976＝1986）『知への意思（性の歴史Ⅰ）』渡辺守
　　章訳、新潮社
ハンス＝ジョージ・メラー（2012＝2018）『ラディカル・ルーマン』吉澤
　　夏子訳、新曜社
ニクラス・ルーマン（1989＝2013）『社会構造とゼマンティク 3 』高橋徹・
　　赤堀三郎・德安彰・福井康太・三谷武司訳、法政大学出版局
ニクラス・ルーマン（1995/1996＝2007）『ポストヒューマンの人間論』
　　村上淳一編訳、東京大学出版会
ニクラス・ルーマン（1997＝2009）『社会の社会 2 』馬場靖雄・赤堀三郎・
　　菅原謙・高橋徹訳、法政大学出版局
渡會知子（2006）「相互作用過程における「包摂」と「排除」」『社会学評
　　論』57（3）：600-614頁

14章

■キーコンセプト
ステレオタイプ、フレーム、マスメディア

▷関連章
　13章
　15章

Step 1　何かを「知る」ことは簡単ですか？

　あなたにとって何かを「知る」ことは、どれくらい難しいことだと感じられますか？　スマートフォンを使えば電車の出発時刻や近所の美味しいお店、話題のニュースや人物のことも、簡単に知ることができます。友人や恋人が今、誰と何をしているのかも、知ろうと思えばSNSで知ることができるかもしれません。いまの私たちにとって「知る」ことは、日常のごくありふれた行為に見えるのではないでしょうか。

　しかしスマートフォンやインターネットが普及する以前は、事情は少し違っていました。わからない単語があれば辞書を引き、流行りのお店やファッションの情報は雑誌を読んで手に入れていました。海外の状況は、新聞やテレビといったマスメディア[1]を介して知る人が大半で、現在のようにSNSを使って直接、海外の人たちと情報交換をすることは一般的ではありませんでした。さらに時代を遡り、戦前の日本を見れば、国家によって、国民の「知る」機会は大幅に制限されていましたし、江戸時代であれば、そもそも情報を得るための手段も、それを利用できる人間も限られていました[2]。何かを知ることは、現代の私たちが考えるほど簡単なことでも、当たり前のことでもなかったのです。

1）マスメディアとは、「大量・大衆」という意味のマス（mass）と、「媒介・中間」という意味のmediumの複数形であるメディア（media）からなる言葉です。主に不特定多数の人たちに同時に情報を提供する企業・組織のことを意味します。

2）当時の通信手段の飛脚や早駕籠は、よほど重要な用件を知らせるために使われていました。私たちがLINEなどで送る「ヒマ？」「眠い」といったメッセージを江戸時代なら送っていたでしょうか？　情報の重要性、伝達の速

さ、広がりがどれ
だけ異なるのか想
像してみましょ
う。

　ただ、ここで少し立ち止まって考えてみましょう。確かに現代で
は、情報通信技術が飛躍的に進歩し、以前よりもずっと速く、大量
の情報に触れられるようになりました。でもそれによって私たちは
本当に何かを「知る」ことが、より容易になったのでしょうか。情
報に振りまわされ、情報の海に溺れてはいないでしょうか。膨大な
情報に接することで、何かを知った気になっているだけではないで
しょうか。この章では、私たちにとってとても身近になった「知る」
ということについて、もう少し掘り下げて考えてみましょう。

Step 2　考えてみよう！

【質問】ここ最近、あなたが気になっていることは何ですか？　その話題
をノートに書いてみましょう。

【アイデア交換】ノートに書いた話題を、グループの人と共有してみましょ
う。どんな話題が取り上げられていましたか。共通している話題はありま
したか。

Step 3　メディアと現実

　Step 2ではどんな話題が出てきましたか。大半の人が自分や自分
の家族、あるいは住んでいる地域の話題や出来事ではなく、新聞や
テレビといったメディアが取り上げるニュースや話題に注目したの
ではないでしょうか。芸能人の結婚や不倫、ショッキングな事件や
事故、海外の戦争やテロなど。実際に自分で見聞きしなくても、私
たちはメディアからの情報を「事実」として受け取り、私たちの「現

実」へと組み入れていきます。それは、ある意味、私たちの実際の体験以上に、現実味を持ったものとして、日常生活を成り立たせてもいます。

　このようなメディアと私たちの関係性をわかりやすく示すものの一つとして、ここでは犯罪報道を例にあげてみましょう。たとえば大事件の容疑者が逮捕されたという場面を想像して下さい。ワイドショーやニュースはその人物の経歴や交友関係を詳細に報じます。逮捕され護送車に乗っている様子がテレビに流れ、犯行の動機や容疑者の性格などをスタジオのコメンテーターたちが解説します。私たちはそれを見て、容疑者＝犯人だと思い込み、しばしばその人物に対する非難を口にします。このとき私たちはテレビや新聞から知り得た情報にほとんど疑いを持つことなく、それを「事実」だと信じきってはいないでしょうか。

図表14-1　新聞に対する信頼（%）
(Confidence：The Press)

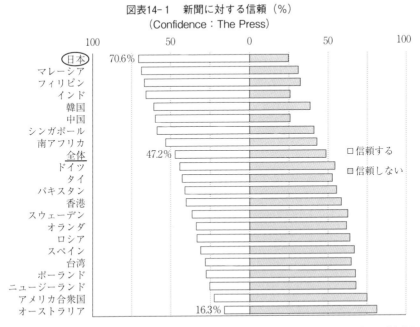

出典）World Values Survey Online Data Analysis（http://www.worldvaluessurvey.org/WVSOnline.jsp）から著者作成。

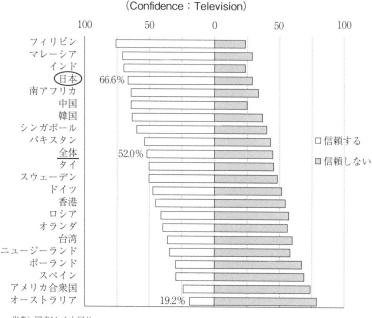

図表14-2　テレビに対する信頼（%）
(Confidence：Television)

出典）図表14-1と同じ。

3）2010年〜14年
にかけて57の国を
対象に行った
World Values
Survey の結果か
ら、主にアジア・
欧米の21カ国につ
いてグラフを作
成。日本の調査結
果は2010年のも
の。「非常に信頼
する」「ある程度
信頼する」という
回答を「信頼す
る」、「あまり信頼
しない」「まった
く信頼しない」と
いう回答を「信頼

　図表14-1と図表14-2は、それぞれ新聞とテレビに対する信頼度の国別比較です。[3]

　この調査では、新聞を信頼するという回答は、日本は70.6%と21カ国の中で最も高い割合になっています。[4]　またテレビについては、フィリピン、マレーシア、インド、日本の順に「信頼する」という回答割合が高くなっています。反対に「信頼しない」という回答割合は、新聞、テレビのいずれにおいても、オーストラリアやアメリカ、スペインなどの国々で高い傾向にあります。日本は先進諸国の中でも際立ってメディアの信頼度が高い国であることがわかります。

　ではあなたは、この調査結果についてどのように解釈しますか。日本のメディアがこれだけの信頼を得られるほど正確で、虚偽のない報道をしてきた結果だと考えることも可能でしょう。あるいは日

本の新聞社や放送局が、社が違っても似たり寄ったりの報道をしているので、報道されていることが「事実」だと思い込みやすいメディア環境があると考えることも可能でしょう。そもそもこうしたデータの解釈には受験勉強のようなただ一つの「正解」はありません。むしろこうした調査結果は、自分たちが当たり前だと思っていた感覚、たとえばテレビや新聞の情報は信頼できるという感覚が、必ずしも当たり前ではないと気づかせ、目の前の事柄についての別様の認識を促すことに意味があるともいえます。ではここで図表14-1や図表14-2の結果をふまえて、さきほど触れた犯罪報道についてもう一度考えてみましょう。今度は実際に起きた「松本サリン事件」を例に挙げます。

　1994年6月27日の夜、長野県松本市の住宅街に毒ガスのサリンが撒かれ、死者8人、負傷者約140人を出す事件が起きました。この事件の犯人と目されたのが、第一通報者である男性会社員でした。彼の妻は意識不明の重体となり、彼自身も体調不良を訴えていたにもかかわらず、警察とマスメディアは彼を容疑者として執拗に追及しました。自宅の周りに報道陣が詰めかけ、彼が犯人だと示唆する数々の「証拠」が報道されました。ごく普通の会社員が、わずか数日のうちに無差別殺人事件の「犯人」として、全国民に知れ渡ったのです。皮肉なことに、彼の無実は1995年3月20日にオウム真理教が東京で再びサリンをまいた、地下鉄サリン事件によって明白なものとなりました。逆にいえば、この事件が起きなければ、彼は松本サリン事件の容疑者とみなされ続けていたかもしれないのです。

　新聞やテレビといった報道機関は、虚偽報道をしないよう、また誤報を流さないための組織的なチェック機能を持っています。[5] それによってSNSやブログなど、不特定の個人が発信する情報とは異なる信頼性を担保しています。しかしだからといってそこに何ら間違いがないと考えたり、あるいはマスメディアが報じる「事実」がすべてだと判断したりすることはできません。さらには松本サリン事件のような世間の注目度の高い大事件の場合、誤報を出さないた

しない」にまとめています。

4）ちなみに57カ国すべてで「信じる」という回答割合が最も高いのはウズベキスタン（81.8％）、ついでカタール（71.3％）、日本（70.6％）という結果になります。

5）新聞では、記者は情報の真偽を確認するための取材を行い、記事は、「デスク」と呼ばれる責任者によってチェックを受けます。チェックされた記事は、さらに校閲で誤りや不備がないかなどを確認され、間違いがあれば修正されていきます。マスメディアと、SNSなど個人が発信する情報の決定的な違いは、こうした組織的な情報の「品質管理」がなされているかどうかにあります。

めに警察発表への依存度が高まり、結果として、犯罪報道の被害者を生むといった側面もあります。

　マスメディアが私たちに、信頼に足る情報を伝える努力をし続けることは大前提として、同時に問われるのはその情報を受け取る私たちの態度でもあります[6]。特にマスメディアへの信頼度が高い日本で暮らしている私たちは、ついつい「自然に」メディアの情報を鵜呑みにしてしまう傾向にあるようです。私たちがメディアを盲信することの危うさを、もう一歩踏み込んで考えてみましょう。

Step 4　メディアと戦争

　私たちが現在よく知るマスメディアのほとんどが、18世紀半ばから19世紀にかけておきた産業革命期に登場しています[7]。紙の大量生産、印刷技術の発達、そして蒸気機関車の登場と鉄道網の広がりにより、大量に印刷された新聞を国内各地にほぼ同日に配達することが可能になりました。マスメディアとしての新聞の登場です。また電磁波による通信技術の発明はラジオの誕生につながります。遠く離れた場所にいながら、時差なく音声によって同じ情報を得ることができるという、それまで人類が経験したことのない情報伝達技術が、ごく普通の家庭にまで入り込んでいきました。さらに写真や映画といった視覚メディアが発明されると、活字だけではない情報伝達が可能になり、その場にいない人間にも「真実」を伝えるという役割が担われるようになっていきました。

　こうした新しいメディアの技術発達の歴史は、当時の欧米列強諸国が「国民」を統合・統制していくための重要な政治的ツールとして、それを発展させ、利用してきた歴史とも重なります。特に武器の近代化が進んだ20世紀の戦争は、職業軍人だけではなく、国民すべてを巻き込む総力戦となります。軍人でもない一般国民が戦争に賛同し、協力しなければ、戦争を継続させ、勝利することが困難になっていったのです。20世紀に大いに発達したメディアは、国民の

6）事件があった松本市の松本美須々ヶ丘高校放送部の生徒たちが、長野県内のテレビ局を取材し、事件報道のあり方を検証しています。章末の参考文献をチェックして下さい。

7）有山・竹山編（2004）、佐藤（1998）、吉見（2004）などでメディアの歴史が概観できます。

心理を誘導し、思想を統制するための重要な「武器」として認識されます。第一次世界大戦の経験もふまえ、第二次世界大戦では、メディアによる各国の情報戦が展開されました。[8]新聞に掲載される写真は、戦地での「敵国」による非道な破壊の様子をリアルに伝え、その戦争が「正義」のための戦いであることが大いに喧伝されました。また映画も戦争遂行のための重要なメディアとなります。国内各地で勝利のために懸命に働く同胞の姿や、罪なき人を助け、勇敢に戦う自国の兵士たちの活躍がスクリーンに映し出され、その「現実」を同じ国民として共有していったのです。こうした国民動員のための宣伝活動は、「プロパガンダ」と呼ばれます。[9]

　では第二次世界大戦での情報戦を知った現代の私たちは、こうした国家によるプロパガンダに難なく対処できるようになったでしょうか。その答えは「ノー」です。1960〜70年代のベトナム戦争や1990年代の湾岸戦争などが示すように、国家とメディアの関係、情報戦は一層複雑なものへ変わっています。その一つの象徴が、広告代理店が成功させた戦争といわれるボスニア紛争です。[10]1984年の冬季オリンピックの開催都市だったサラエボは、その8年後に戦場と化しました。旧ユーゴスラビアからボスニア・ヘルツェゴビナが独立を宣言したことをきっかけに、セルビア人との軍事衝突が勃発したのです。当時のボスニア・ヘルツェゴビナの外相は、国際世論を味方につけるために米国の広告代理店ルーダー・フィン社にメディア戦略を依頼しました。ルーダー・フィン社は、ボスニアの人々がセルビア人に虐げられているという情報を世界各国のマスメディアに積極的に流し、ボスニアへの関心を高めていきました。そして国際社会において、「ボスニア＝善人／セルビア＝悪人」というイメージを決定づけたのが、「エスニック・クレンジング（民族浄化）」という表現でした。ナチスのユダヤ人虐殺（ホロコースト）を想起させるこの言葉が繰り返し使われ、アメリカの参戦、NATO軍によるセルビア空爆へとつながっていきました。

　私たちが生きる世界には無数の人々が暮らし、その価値観や文化

8）太平洋戦争における日本の情報戦あり方をとりあげたものにJ.ダワー（1987＝2001）があります。

9）プロパガンダについては佐藤（2003）を参照のこと。

10）興味がある人は、高木（2005）や、「NHKスペシャル　民族浄化〜ユーゴ・情報線の内幕〜」（2000年放送49分）などを見てみるといいでしょう。

は多様で、日常生活でさえ単純に割り切れるものではありません。ましてや戦争のような民族、歴史、宗教、政治的・経済的利害、さらに殺意や憎悪、絶望といった強い感情に人々が囚われている状況において、一体何が起きているのかを正確に理解することはほとんど不可能です。しかし先の見えない混沌とした状況だからこそ、私たちは明瞭でわかりやすい説明を求めてしまいます。「民族浄化」というキャッチコピーは理解の空白を埋め、「敵／味方」「加害者／被害者」など、複雑な世界を単純化するように機能します。

　プロパガンダは、私たちとメディアとの関係性を問うための一つの象徴的な事例といえます。ただし、メディアが私たちの現実認識に一方的に影響を与えていると理解するのも単純に過ぎるでしょう。何かを「知る」こと、何が「事実」なのかを認識していくことには、常にある種の困難が付きまといます。それは私たちだけでなく、「事実」を知らせるメディアも例外ではありません。Step 5 では、「知る」ことの「困難」とは何かを考えていきましょう。

Step 5　見ているのに、見えていないフレーム

11）原発や基地の建設ほど大規模な事業でなくても、たとえばショッピングモールや保育施設などを建設する場合でも、住民各人の置かれた状況によってその意味付けはずいぶん変わります。ほかにも一つの出来事に対する、評価や見え方が異なる事例がないか、探してみましょう。

　戦場に限らず、ニュースとして報じられる実際の現場では、立場や経歴、価値観の異なる複数の人間が生きており、同じ出来事についても矛盾した見方や、まったく正反対の語り方も可能になります。[11]しかし、メディアが伝えるのはそのうちのほんの一部の事実に過ぎず、またそこで起きていることのすべてを伝えることはそもそも不可能です。そのため、メディアが報じる「事実」がどのようなものであるかを検証することはもちろん大事ですが、同時に私たちは、メディアがどのような立ち位置から事実を取り上げ、現場で起きている出来事のどこを切り取り、何を外したのかという、メディアが意識的、あるいは無意識的に設定する「フレーム（＝枠組み）」自体を問いかける必要があるのです。

　では、ここでいうフレームとはどういうものかをイメージしても

写真 1 （2018年 3 月 7 日　筆者撮影）

写真 2 （2018年 3 月 7 日　学生撮影）

らうために、2 枚の写真を見てもらいましょう。

　写真 1 は、沖縄の普天間基地を高台から撮影した写真です。ビル
が密集する街中に、10機以上のオスプレイ[12]が並んでいる基地がある
のが見えます。テレビニュースなどで普天間の話題が取り上げられ
る際にも、これと同じような映像がよく使われるので、見たことが
ある人もいるのではないでしょうか。

　では写真 2 はどうですか。ブランコや小さな園児の姿が見えま
す。どこかの児童公園でしょうか。じつはこれも普天間基地の写真
です。正確には、この写真の奥にあるフェンスの向こう側が普天間
基地です。1 枚目の写真とは違って、沖縄県外に暮らす大半の人に
はこれが普天間基地の写真だとはわからないかもしれません。しか
しこの写真に映っている子どもたち、この地域で暮らす人々にとっ
て、普天間基地という「現実」はむしろ、このような視点から経験
されているものなのです。

　この 2 枚の写真を見比べると、同じ普天間基地という対象でもそ
こから受け取る印象はまったく異なるでしょう。1 枚目の写真は、
軍事や防衛、日米同盟など政治的・抽象的なテーマを連想させま
す。それは私たちが「基地問題」というときに思い浮かべる像とそ
れほどかけ離れたものではないでしょう。それに対し 2 枚目の写真
は、私たちがよく見かける日常の風景だと思わせながら、じつは

12）米軍の垂直離
着陸機。墜落事故
などの死亡事故も
多く、アメリカ本
国では「未亡人製
造機」と呼ばれて
いました。また騒
音も激しいことか
ら、その飛行に強
い反対の声があ
がっています。普
天間のほか、2018
年10月からは横田
基地にも配備され
ました。

13) 報道の自由や表現の自由、言論の自由と言われるものが私たちの社会において重視されるのは、それが私たちの現実の多層性や、それについての多様な視点を担保する重要な手段でもあるからです。

14) アメリカのジャーナリストであり思想家であったW.リップマン（1922＝1987）は次のように言っています。「われわれが見る事実はわれわれの置かれている場所、われわれが物を見る目の習慣に左右される。」（110頁）

15) ステレオタイプというのは、もともとは印刷に使われていた鉛版のことです。そこから派生して、繰り返し使われる定型的表現や、お決まりの思考パターンを意味するようになりました。現実を把握するための「情報のセット」ともいえるステレ

フェンス一枚区切られただけの向こう側に基地があるという異常さを、私たちにじわじわと訴えかけてきます。そして園児たちが歓声をあげて遊ぶ公園の上をオスプレイが飛び交うことが、沖縄の「基地問題」なのだということに気づかせます。

　2枚の写真のうち普天間基地の情報としてどちらかが「正解」でどちらかが「間違っている」と判断できないことはすぐにわかるでしょう。どちらも基地問題についての「事実」を伝えています。ただどの事実に注目するのか、どの側面を切り取るのかというフレームが異なっているため、そこから認識される現実のあり方や問題の捉え方も、一様ではなくなってくるのです。[13]

　ただしメディアがある一定のフレームを繰り返し再利用することで、私たちのものの見方や世界についての考え方も、それに応答するように枠づけられていくことがあります。なおかつメディアの作り手自身も、自らが設定したフレームに見方を固定されてしまうのです。基地問題といえばこの画、犯罪報道ならこの切り口、若者を取り上げるときはこの話題といった具合に、情報の作り手も受け手も、決まったフレームから「現実」を見ることになれてしまい、それがパターン化されることで、ほかの見方をすることができなくなっています。そして見知ったフレームに収まった、見慣れた「事実」を確認して、私たちは簡単に「知ったつもり」「わかったつもり」になって、安心してしまうのです。[14]

　こうして出来上がったお決まりのパターンはステレオタイプとも言われます。[15]メディアは、私たちに知り得なかった情報を提供し、新たな問題へと私たちの目を開く役割を担うはずのものです。しかし私たちが、とくに考えなくてもすぐにわかる情報、刺激的で便利な情報を求めれば求めるほど、メディアで働く人間も、それに手早く応えられるステレオタイプにますます依存して情報を流すようになります。それは単純な偏見を強化・再生産し、結局、私たちの視野を固定し、狭めることへとつながっていきます。

　SNSなどで私たちが手軽に素早く情報を手に入れ、見出しだけ

で何かをわかった、知ったと思っている社会は、じつは巨大な塀に
開けられた小さな覗き穴から見えている断片を、世界のすべてだと
信じこんでいる社会なのかもしれません。その覗き穴から、どんな
にきらびやかな世界や、勧善懲悪のわかりやすい筋立て、お涙頂戴
の感動物語が見えていたとしても、それはやはり物事のほんの一
部、一瞬を覗いただけに過ぎないのです。

　メディアという覗き穴から見える世界を盲信しそれがすべてだと
思うことも、メディアへの不信によってそのすべてを否定すること
も、いずれもメディアとの付き合い方、あるいは事実との向き合い
方としては、私たちを見誤らせるものとなります。大切なことは世
界を見るための窓を増やしていくこと。そして自分が見ている世界
が無数にありうる窓から見える世界のうちの一つに過ぎず、メディ
アもまたそうした窓のうちの一つなのだと自覚することです。

　私たちが知り得る事実はいつも限定的で、なおかつ変化していき
ます。テレビで以前に見た事実がそのときのままとどまっているわ
けではないし、もしあなた自身が現場に足を運べば、メディアに
よって切り取られたものとは異なる事実に出くわすことでしょう。
どんなに当たり前に見える日常も、じつは謎に満ちていて、私たち
が知ったつもりでいたことも、すべてわかっているわけではないの
です。

　未知は排除すべき不安ではなく、新たな世界の発見への道です。
情報があふれかえり、何もかも知っている気になってしまいそうな
今だからこそ、私たちは「知らない」自分を知り、用意された窓か
ら出て行き、あなた自身の窓を開いていくことが、本当に「知る」
ということにつながっていくのではないでしょうか。

Step 6　自分でやってみよう！

　自分が普段生活している場所で、猫の目や鳥の目、虫の目、子ど
もの目など、いつもとは違う目線で写真を撮影してみましょう。撮

オタイプを利用す
ることで、私たち
は未知の状況への
対応が容易になり
ます。その一方
で、ステレオタイ
プが固定化される
と、現実に生起し
ている出来事や、
具体的な個人を、
ステレオタイプに
よって判断し、そ
れにそぐわない情
報を排除したり、
あるいはステレオ
タイプに沿った側
面しか注目しない
といった「歪み」
が生じます。

影された写真に、普段の見方からは見逃されていたものを探してみて下さい。

【参考文献】

有山輝雄・竹山昭子編（2004）『メディア史を学ぶ人のために』世界思想社

佐藤卓己（1998）『現代メディア史』岩波書店

佐藤卓己（2003）「「プロパガンダの世紀」と広報学の射程——ファシスト的公共性とナチ広報」津金澤聰廣・佐藤卓己責任編集『広報・広告・プロパガンダ』ミネルヴァ書房：2-27頁

高木徹（2005）『ドキュメント戦争広告代理店——情報操作とボスニア紛争』講談社文庫

ジョン・ダワー（1987＝2001）『容赦なき戦争——太平洋戦争における人種差別』猿谷要監修、斎藤元一訳、平凡社ライブラリー

林直哉・松本美須々ヶ丘高校放送部（2004）『ニュースがまちがった日——高校生が追った松本サリン事件報道、そして十年』太郎次郎社エディタス

吉見俊哉（2004）『メディア文化論——メディアを学ぶ人のための15話』有斐閣

ウォルター・リップマン（1922＝1987）『世論（上）』掛川トミ子訳、岩波書店

第20回東京ビデオフェスティバル（1998.1）日本ビクター大賞受賞作品『「テレビは何を伝えたか」松本サリン事件のテレビ報道から』松本美須々ヶ丘高校放送部（https://youtu.be/WB4u2Gbbw）

15章

変 え る

▷関連章
  1章
  2章
  13章

■キーコンセプト
銀行型教育／問題解決型教育、「自由からの逃走」、民主主義

Step 1　それって本当に「仕方ない」？

　「仕方ない」「そういうものだから従わないと」。こんな風に感じたことはありますか。たとえば正社員並みの仕事をしているのにバイト代が安すぎるとか、高校や大学の奨学金の返済が大変だとか。20歳から支払う国民年金、上がっていく消費税。自分たちの生活とかけ離れた政治をテレビでなんとなく聞き流し、「政治は政治家がすることで、私たちにはどうしようもないし、興味ない」と思ってはいませんか。社会に対する不満や疑問があっても、「でも、まぁ世の中ってこういうものか」と諦めて、なんとなく現状を受けいれることが、大多数の人の反応かもしれません。

　でも本当に仕方ないのでしょうか？

　「こういう時代・社会だから仕方ない」というときに、じつは自分の周りの「いま・ここ」という狭く限定された現実しか見ていないということがあります。現在に至る経緯や歴史を学び、国内外での取り組みや「常識」に触れていくことで、自分が「仕方ない」と諦めていた現実は唯一絶対のものではなく、人間が働きかけて変えていける、可能性の一つとして捉えられるようになります。たとえば大学の学費。日本の大学の授業料は高額で、奨学金についても卒業後に返還する貸与型が一般的です。しかし海外では大学授業料が

171

無償という国も少なくありませんし、授業料が有償の場合でも、返
還義務のない給付型奨学金が用意されています。日本のように学費
が高く、公的補助が低い国は、どちらかといえば少数派です。
　「いまはこういう時代だから仕方ない」という思い込みを外すこ
とで、おかしな仕組みを変えられる可能性があることに気づくこと
ができます。社会学的な思考は、社会を変えるための重要な武器と
なりうることを、最後に一緒に実感していきましょう。

Step 2　考えてみよう！

【質問】「これっておかしいんじゃないか？」「理不尽だ」と思ったルール
や仕組みなどはありますか。ノートに書きだしてみましょう。

【アイデア交換】ノートに書いたことを、グループの人と共有してみましょ
う。そしてどうすればそのルールや仕組みが変えられると思うか話し合っ
てみましょう。

Step 3　若者は社会を変えられる？

　Step 2ではどんな意見が出たでしょうか。「ま、世の中ってこう
いうものだろう」と思って生活していて、特に何も思い浮かばない
人もいたかもしれません。あるいはバイト先や就職活動などで理不
尽な思いをした人は、「こんなのはおかしい！」と怒りを込めて、
グループワークに臨んだかもしれません。
　ただ、「おかしい」と思うことや「理不尽だ」と感じることはあっ
ても、ではそれをどうやったら変えられるか、という話し合いにな

ると、なかなかアイデアが出てこなかったのではないでしょうか。たとえば選挙の際に「投票にいく」というのは、一つの実行可能なアイデアでしょう。選挙は私たちが政治に直接参加できるとても大切な機会です。その一方で、「どうせ自分が一票、投票したくらいで、政治は変わらない」と思っている人も少なからずいるでしょう。とくに若い世代は、まだ経済力や経験、知識が足りないという思いから（実際には、年を重ねたからといって、十分な知識や経験があるとは限らないのですが……）、自分が何かを変えていけるとはなかなか思えないということもあるでしょう。

　図表15-1は2018年度に、満13歳から満29歳の7カ国の若者に対して実施した意識調査の結果です。

図表15-1　「私の参加により、変えてほしい社会現象が少し変えられるかもしれない」

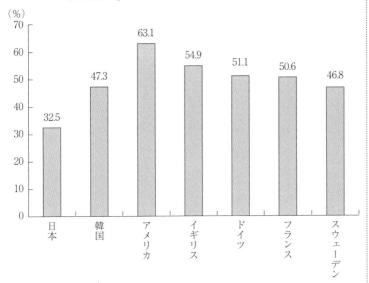

（注）「次のような意見について、あなたはどのように考えますか。」との問いに対し、「私の参加により、変えてほしい社会現象が少し変えられるかもしれない」に「そう思う」「どちらかといえばそう思う」と回答した者の合計。
　出典）内閣府（2019）「我が国と諸外国の若者の意識に関する調査」(https://www8.cao.go.jp/youth/kenkyu/ishiki/h30/pdf/s2-2.pdf) より作成

　これを見ると、日本以外の国ではほぼ5割前後の若者が、自分の
参加によって社会現象を変えられるかもしれないと考えていること
がわかります。特にアメリカでは6割、ドイツ・イギリス・フラン
スでは半数以上の若者がそのように考えています。ところが日本で
は、自分が社会現象を変えられると考える若者は、7カ国中最も低
く3割程度となっています。ただしこの結果だけを見て「やはり日
本の若者は社会参加の意識が低い／関心が低い」と結論づけるのは
早計でしょう。というのも、ほんの少し時間を遡ると、日本の若者
も自分たちで社会を変えられると考え、社会に働きかけていたこと
があったからです。その象徴的な事例として、ここでは1960年代頃
から世界的な広がりを見せていた学生運動を取り上げてみます。

　1965年にアメリカが北ベトナムへの本格的な爆撃を開始し、戦場
の凄惨な様子がテレビではじめて中継されると、アメリカのみなら
ず世界各地でベトナム反戦運動が起こりました。[1]この運動には学生
たちも参加しましたが、それは日本も例外ではありませんでした。
日本の学生たちは街頭でベトナム戦争反対、日米安保反対、そして
アメリカ占領下にあった沖縄返還を訴えました。また大学の劣悪な
教育環境や大学当局の非民主的な運営に抗議する大学闘争も全国的
に繰り広げられていました。学生運動は大学生だけでなく、高校生
にも広がり、校内でのバリケード封鎖やデモ、ハンスト、試験のボ
イコットといった「抵抗」が行われました。ピーク時の1969年9月
から70年3月の間には、「全国で208件、35都道府県176校」で高校
紛争がありました。[2]1969年3月の広島のある高校の卒業式では、次
のような送辞が述べられました。

> 「戦争に向かって着々と進む軍備の拡大、教育の反動化、生徒の人間性を
> 認めない学校や社会に対して我々は強い反抗心を抱いている…選挙権は
> なくても我々は人間として行動する。戦争は絶対にいやだ。[3]」

　当時の高校紛争のテーマには、制服の自由化や厳格な生徒指導の
撤廃、エリート教育や受験競争につながる学力試験への反対、ベト

1）アメリカがは
じめて負けたとい
われるベトナム戦
争について調べて
みましょう。

2）小林（2012）
134頁。

3）小林（2012）
84頁。

174

ナム戦争や日本の軍備拡大への反対、沖縄返還など、学校内外の問題が取り上げられていました。これらは別々の問題ではなく、民主的な社会の阻害という点で、地続きにある問題だと捉えていた高校生が少なからずいたということでしょう。

　こうした高校生の動きに対し文部省（現文部科学省）は1969年10月31日、全国の教育委員会の教育長、知事などにあて「高等学校における政治的教養と政治的活動について[4]」という通知を出しました。この通知は「最近、一部の生徒がいわゆる沖縄返還、安保反対等の問題について特定の政党や政治的団体の行なう集会やデモ行進に参加するなどの政治的活動を行なったり、また政治的な背景をもって授業妨害や学校封鎖を行なうなど学園の秩序を乱すような活動を行なったりする事例が発生している」ことを問題視し、生徒たちの政治的活動を学校が規制し、禁止するよう求める内容となっていました。この中で文部省は「国家・社会としては未成年者が政治的活動を行なうことを期待していないし、むしろ行なわないよう要請している」と明言し、「学校は、平素から生徒の政治的活動が教育上望ましくないことを生徒に理解させ、政治的活動にはしることのないよう十分指導を行なわなければならない」と述べています。

　文部省のこうした指導に対する学校側の反応には、校長や校風、地域性によってもばらつきがありましたが、多くの学校が校内での政治活動を厳しく管理し、1970年を境に高校紛争は急速に衰退していきました[5]。

　若者の政治意識の変化の要因はいくつも考えられますが、歴史を振り返れば、少なくとも「そもそも日本の若者は政治意識が低いものなのだ」「日本人はそういう国民性なのだ」といった判断はできなくなるでしょう。その時代の経済や政治状況、教育のあり方など、複数の要因が絡み合って私たちの意識のあり方は形成されていきます。逆の見方をすれば、こうした諸条件を変更していくことで政治への参加意識や行動の仕方にも変化が生じるわけです。「いま・ここ」で当たり前だとみなしている社会のあり方は、永遠不変のも

4）昭和44年10月31日文部省初等中等教育局長通知（http://www.mext.go.jp/b_menu/shingi/chousa/shotou/118/shiryo/attach/1363604.htm）。

5）小林（2012）。

のではなく、私たちの働きかけによって変えていくことができるのです。そして社会は変えうるものだという発想は、社会学が誕生した「近代」という時代に特有のものでもあるのです。

Step 4　自由という重荷と、管理される幸福……?

　私たち人間が社会をつくり、私たちの意思によって社会を変えられるという考え方は、近代を特徴づけるものの一つです。そしてこのような考えを具体化したものとして、ここでは民主主義に注目してみましょう。

　21世紀の現在、世界の多くの国で採用されている民主主義ですが、みなさんはこの政治制度にはどんな特徴があると思いますか。日本ももちろん民主主義をとっているので、よく知っているような気がしていますが、あらためてその特徴を考えてみるのはなかなか難しいのではないでしょうか。

　まず民主主義という言葉を見てみましょう。「民」が「主」であるという言葉は政治の主体が、私たち市民あるいは国民であることを意味していますし、これが近代社会の前提でもあります。近代以前には、王や貴族といった特定の身分に生まれた人間が、ただその身分に生まれたという理由によって政治を担い、国を支配していました。そのとき、その国に生きる民には、発言権も決定権もありませんでした。

　このような政治支配のあり方は、18世紀後半の欧米諸国で起きた市民革命によって大きな転換点を迎えます。特に有名なのは1789年のフランス革命でしょう。「自由・平等・博愛」をスローガンに掲げたフランス革命は、王であろうと市民であろうと、人間は一人ひとり独自の個性や才能、能力を持った平等な「個人」であることを宣言しました。そしてこれら個人が各人の能力や才能を十全に発揮できるよう、個人の自由を社会的に保障することが重視されます。誰かがある人たちの自由を勝手に奪い、その権利を侵害することは

認められず、どのような政治を行い、どのような社会をつくるか
は、その社会のメンバーである個人個人の意思によって決定されて
いくものだと考えられるようになります。ですが、ある国や地域の
すべての人が一堂に会して政策決定をしたり、政治を行うことは現
実的には困難です。そこで人々が望む政治を行う代表を選び、その
ための政策を執り行える権限を便宜上、彼（女）らに委託するとい
う考え方が生まれます。もし彼（女）らが人々の意思を無視する政
治を行うならば、彼（女）らに託していた権限は当然、返してもら
うことになります。代議制民主主義という仕組みの始まりです。[6]

　選挙権とは自分たちが望む社会や政治を実現するための権利であ
り、資格でもあります。18世紀の市民革命以降、人々は少しずつ政
治に参加する権利を獲得していきました。財産額などで制限されて
いた参政権は、欧米諸国では19世紀半ば頃から成人男性一般に認め
られるようになります。また19世紀末から20世紀にかけて女性の参
政権も徐々に実現していきました。[7]

　こうして20世紀の欧米諸国で、人々が政治に参加する権利が広
がっていったのですが、そこには思いがけない落とし穴がありまし
た。政治や社会の主体となるということは、その判断や決断に責任
を負うということでもあります。何か「問題」が起きたときには、
自分たちでその解決方法を探らなければなりません。数多くの意見
や情報を吟味し、解決の道筋を探り、それを実行に移し、解決を
図っていくのは、実に手間と時間がかかるやり方です。しかもそれ
だけの労力をかけても、それが「正しい」かどうかは断言できず、
つねに不安がつきまといます。王や皇帝のような絶対的支配から自
由になってみたものの、主体的に考え、判断するということは想像
以上に負担が大きいことだったのです。

　第一次世界大戦の敗戦を契機に、世界で最も民主主義的と言われ
たワイマール憲法を制定したドイツの場合、人々は自分たちを引っ
張り、山積する問題を一挙に解決してくれそうな強い指導者を選挙
によって選びました。A.ヒトラーを党首とするナチス政権の誕生

6）間接民主主義
ともいわれます
が、ほかに直接民
主主義もありま
す。どういう国で
直接民主主義が行
われているのか調
べてみて下さい。

7）世界で最初に
女性の参政権がい
つ、どこで認めら
れたのかを調べて
みましょう。ちな
みに日本では、い
つ女性の参政権が
認められたでしょ
うか？

です。ナチスは高速道路建設などの公共事業によって深刻な失業問題を解決し、当時まだ高価だった自動車を国民車とする国策を実行しました。またナチスは、どん底にあったドイツ経済だけでなく、敗戦によって大きく損なわれた「ドイツ帝国」の誇りを回復させました。ゲルマン民族の人種的優越性を高らかに謳い、再軍備を進め、領土を拡張していく「強いドイツ」に、ドイツ国民は熱狂していきました。

　ナチスは政権をとると、ワイマール憲法を停止して、独裁体制をしき、人々の思想や信条、言論の自由を奪っていきましたが、ある意味、それを選択したのはドイツ国民自身です。隣人であったユダヤ人が強制連行され、1人2人と姿を消し、自由で人間主義的な本が焼かれ、作家や科学者、知識人たちがドイツから続々と亡命していく。そうした現実は「仕方のないこと」「自分にはどうしようもないこと」とされました。そもそもヒトラーやナチスに対する批判をしない「真面目な」ドイツ国民なら、ナチスから迫害される心配はないし、彼らが提供してくれる娯楽と気晴らし、そして以前よりも豊かな経済生活を思えば、多少の自由が奪われたとしても、不満に思う必要もない、と考えたのかもしれません。[8]

　ナチス政権発足後、ドイツから亡命したユダヤ系の社会心理学者E.フロムは、人々が自らその自由を手放し、強い支配者へと服従していく社会心理過程を分析し、それを「自由からの逃走」と呼びました。[9]　そしてこのような心理過程はナチズムに特有のものではなく、個人の自由を基盤とする民主主義社会に潜在するものであることを指摘しました。自分たちで思考し、議論し、判断するよりも、強いリーダーに面倒な問題を一気に解決してもらいたい、とにかく閉塞した状況を変えてほしい。その代償として奪われるのが「自由」だとしても大したことはない。むしろ自由な個人であることから逃れることを人々は選択していくのです。

　それは現代に生きる私たちにとっても奇異なことではありません。身近なことなら、「自分の興味あることを自由に論じなさい」

8）当時のドイツ国民とナチスの関係を考えさせる映画は多くあります。たとえばナチスの宣伝大臣ゲッベルスの秘書だったブルンヒルデ・ポムゼルの独白映像を軸にしたドキュメンタリー映画『ゲッベルスと私』（2016年）は、「私は知らなかった」というドイツ人の心性と当時の社会状況を理解する一助となります。

9）フロム（1941＝1952）。

というレポート課題と、穴埋め形式の試験では、どちらが楽でしょうか。職場での上司の指示が間違っていたとして、それを改善するよう提言し、説得することと、問題に気付いていないふりをして上司の指示通りに動くことでは、どちらが労力が少ないと思いますか。判断し、行動する自由があったとしても、それを放棄し、強いものや権威に従うということは、決して特殊なことではありません。個人の自由が保障された民主主義社会において、ナチズムを生んだドイツ国民と同じく、私たちもまた自由を手放し、自ら支配されるものになっていくことは十分ありうることなのです。

Step 5　対話による社会の創造

　自分は無力だから、社会を変えようとしても無駄である。そういうことは政治家や国家に任せておけばいい。自由を捨てることで、決断する責任からも、選択する悩みからも解放される。ヒトラーは、人々がこのような心性を抱くようになることが、支配する上で重要だということを見抜いていました。ヒトラーの著書『わが闘争』で、彼はこう述べています。「（学童は）正当に叱責されたときに沈黙するだけでなく、必要な場合には不正をも黙って耐えることを学ばなければならない[10]」。権威や、自分を支配するものに対し、ただ黙って従うことを身に付けさせることが教育の目的というわけです。「ルールが正しいかどうかを判断する」人間ではなく、「ルールに従うことが正しいから従う」人間が求められるのです。

　さてではみなさんが受けてきた教育を振り返ってみると、それはヒトラーが求めた教育とどれほど異なっているでしょうか。生徒たちは教師や教科書が伝えるとおりのことを、できるだけ速く、正確に覚える訓練を繰り返しています。この訓練によく耐え、適応したものが受験競争を勝ち抜いて、偏差値が高いとされる大学に進学し、一流といわれる企業に入ることができるのだと信じられています。授業内容に「なぜ？」と疑問を持つと、あっという間に取り残

10) フロム（1941＝1952）255頁。

され、「落ちこぼれ」ていきます。私たちは教育によって、自分で考えることを放棄し、自由を抑圧されることに馴れていくのです。

　では教育とはこのような抑圧の道具にしかなりえないものなのでしょうか。もちろん、答えは否です。自分がいま置かれている状況を認識し、問題を問題として対象化するのに教育は不可欠です。そしてそのような教育を実現するために、変わらなければならないのは、生徒や学生といった教えられる側ではなく、教師や大人といった「教える」側の人間なのかもしれません。

　ブラジルの教育学者である P. フレイレは、教師と生徒の関係性から教育を「銀行型教育」と「問題解決型教育」という二つに類型化しました。[11]前者は教師が一方的に話し、生徒は教師がいうことをまるで貯金でもするかのようにたくさん詰め込む形の教育です。日本の受験制度は、この銀行型教育に適合的なものといえます。一方、後者の教育で重要なのは教師と生徒の「対話」です。教師は生徒の生きている状況から出発し、対話を通じて「問題」を歴史的・社会的な文脈において認識していくことになります。生徒は教師から伝達される知識を詰め込む空っぽの容器などではなく、教師に問いかけ、考える対等な人間だという前提が重要になります。このとき教師は教える者であると同時に教えられる者であり、生徒もまた教えられる者であると同時に教える者になります。

　フレイレの言葉に接するとき思い出す一人の学生がいます。彼女は在日韓国人で、通名ではなく本名を使っています。でも彼女は自分のルーツを知りません。韓国語を話せません。[12]「なんで韓国語を話せないの?」「なんで帰化しないの?」という無邪気で鋭利な質問に、返す言葉を見つけられずにいます。なぜ自分はちゃんと自分の文化や歴史について学ばなかったのか。なぜ自分は韓国語を話せず、なぜ帰化しない理由を説明できないのか。そうして自分のルーツを学ぼうとしてこなかった不勉強を責めていました。それは20歳そこそこの女の子が背負うには重すぎる荷です。私は彼女の話を聴いて、戦前の日本が植民地で行った創氏改名や日本語教育といった

11) フレイレ(1970
=2011) を踏まえ
た議論として、景
山 (2014) を参照
のこと。

12)「韓国語」と
いう呼称一つから
もさまざまな問題
が見えてきます。
「韓国語」「朝鮮語」
「ハングル」とい
う呼び方につい
て、どんな「問題」
がなぜ生じている
か考えてみましょ
う。

180

政策の意味を「はじめて」実感しました。歴史の授業や本を読んで知っていたつもりになっていたことは、単なる「情報」に過ぎなかったことを思い知らされました。名前を奪われ、言葉を奪われ、歴史や文化を奪われるとはどういうことなのか。知識や情報としてではなく、彼女という1人の人間の声を介して、尊厳を傷つけられる「痛み」として、植民地支配という「現実」を学びました。

　同時に私はフレイレ（1992＝2001）の本をひきながら[13]、彼女が自分の歴史や文化、言葉をもっていないことは彼女の責任ではなく、それらを奪ってきた社会の側の問題であることを語りました。彼女が自分のルーツや言葉について学ぼうとすれば、民族学校への通学を選択することもできます。しかし、その場合、授業料は高額になり、日本の大学受験においても不利になります。彼女の前にはさまざまな選択肢が用意されているようでいて、明らかに一方を取ることが他方を取ることより不利なように制度が設計されているのです。そしてそのような社会の仕組みを変えるために政治に参加する権利が、日本で生まれ生活し、税金を払っているにもかかわらず、彼女には認められていないのです。

　彼女との「対話」は、本を読んでいただけではわからなかった数多くの発見と、自分が生きている社会についての理解をもたらすものでした。「生徒」である彼女は、「教師」である私から、何かを教わるつもりだったかもしれませんが、彼女の話を聴くことで、むしろ私の方が彼女から多くを教わる時間となりました。それは私自身の世界の見方や、それまでに手にしたつもりでいた知識のあり方を大きく変えるものでもありました。

　社会を変えるのに政治家や権力者になる必要はありません。まず大人や教師が、目の前にいる「学ぶ者」たちとの関わり方を変えればいいのです。自分が知っていることを知らない者に一方的に詰め込むのではなく、学ぶ者の世界から考えることを出発点にしてみるだけで、そこで生まれるコミュニケーションは大きく変わるはずです。教師が持っている知識はそのときにはじめて、「学ぶ者」たち

13）識字教育に取り組んでいたフレイレは「対話」を通じて、歴史的・文化的・社会的に抑圧されていた農民たちが、自分たちの現状についての気づきを得て、その「沈黙」を破り、「言葉」を獲得していくプロセスを鮮やかに描いています。

が自らの状況を理解し、問題への一歩を踏み出すための力強い武器となります。そして「対話」がもたらす他者への共感、世界の見え方が変わる驚き、問題への気づきは、さらなる知識への欲求へと導いていきます。そのとき世界とは自分に無関係に存在する得体のしれないものではなく、自分が他者とともに考え、働きかけ、変えていく「可能性」として経験されるようになるのではないでしょうか。

Step 6　自分でやってみよう！

　この本で取り上げたテーマや、議論などを通じて、自分が特に気になったものや、興味を持てたものはありましたか？　もしあればどんな点が気になったのかなどを書いてみましょう。社会学を自分で始める最初の一歩になりますように。

【参考文献】

景山佳代子（2014）「教育——抑圧の道具、解放の武器」内海博文編著『現代社会を学ぶ——社会の再想像＝再創造のために』ミネルヴァ書房：115-140頁

小林哲夫（2012）『高校紛争1969-1970——「闘争」の歴史と証言』中公新書

パウロ・フレイレ（1992＝2001）『希望の教育学』里見実訳、太郎次郎社エディタス

パウロ・フレイレ（1970＝2011）『被抑圧者の教育学　新訳』三砂ちづる訳、亜紀書房

エーリッヒ・フロム（1941＝1952）『自由からの逃亡　新版』日高六郎訳、東京創元社

『ゲッベルスと私』クリスティアン・クレーネス／フロリアン・ヴァイゲンザマー他監督（2016）

索　引

執筆者紹介
（執筆順、※は編者）

※景山佳代子　神戸女学院大学文学部准教授　　　　　　　はじめに、1章、14章、15章

※白石　真生　神戸女学院大学ほか非常勤講師　　　　　　　　2章、3章、8章、12章

内海　博文　ヴェネツィア・カ・フォスカリ大学アジア・北アフリカ学科准教授

　　　　　　　　　　　　　　　　　　　　　　　　　　　　　4章、6章、10章

渡會　知子　横浜市立大学国際教養学部准教授　　　　　　　　　　5章、13章

鈴木富美子　東京大学社会科学研究所特任助教　　　　　　　　　　　　7章

北野　雄士　大阪産業大学国際学部教授　　　　　　　　　　　　8章、9章

太田　美帆　静岡大学農学部助教　　　　　　　　　　　　　　　　　11章

Horitsu Bunka Sha

自分でする
ＤＩＹ社会学

2020年6月20日　初版第1刷発行

編　者	景山佳代子・白石真生
発行者	田靡純子
発行所	株式会社 法律文化社

〒603-8053
京都市北区上賀茂岩ヶ垣内町71
電話 075(791)7131　FAX 075(721)8400
https://www.hou-bun.com/

印刷：西濃印刷㈱／製本：㈱藤沢製本
装幀：仁井谷伴子

ISBN978-4-589-04048-0

©2020　K. Kageyama, M. Shiraishi Printed in Japan

西村大志・松浦雄介編

映 画 は 社 会 学 す る

Ａ５判・272頁・2200円

映画を用いて読者の想像力を刺激し、活性化するなかで、社会学における古典ともいうべき20の基礎理論を修得するための入門書。映画という創造力に富んだ思考実験から、人間や社会のリアルを社会学的につかみとる。

近森高明・工藤保則編

無 印 都 市 の 社 会 学
—どこにでもある日常空間をフィールドワークする—

Ａ５判・288頁・2600円

どこにでもありそうな無印都市からフィールドワークを用いて、豊かな様相を描く。日常の「あるある」を記述しながら、その条件を分析することで、都市空間とその経験様式に対する社会学的反省の手がかりをえる。

岡本 健著

アニメ聖地巡礼の観光社会学
—コンテンツツーリズムのメディア・コミュニケーション分析—

Ａ５判・278頁・2800円

アニメ聖地巡礼の起源・実態・機能を分析。聖地巡礼研究の第一人者で『ゾンビ学』の著者が、アニメ作品、文献・新聞・雑誌記事、質問紙調査、インタビュー調査、SNSやウェブサイトのアクセス等の分析を組合せ、関連資料も加えて示す。

田中研之輔著

丼 家 の 経 営
—24時間営業の組織エスノグラフィー—

四六判・246頁・2600円

社会学の手法を用いて描き出すドキュメンタリー。働く人々に経験的に寄り添うことで現場のリアルを追体験。各店舗の問題を社会的変化と結びつけて考えることで、本質を見抜き打開する戦略を立てるための素地を築く。

田中研之輔・山﨑正枝著

走 ら な い ト ヨ タ
—ネッツ南国の組織エスノグラフィー—

Ａ５判・236頁・2600円

働く人たちが関わりあって協働するなかで自律的に行動し、助けあい、創造性を発揮する職場は、どのようにしたらつくることができるのか。職場の行動観察をもとに、働く人と組織との関係性を社会学の視点から解明する。

北野雄士編

変化を生きながら変化を創る
—新しい社会変動論への試み—

Ａ５判・202頁・4000円

うつりゆく社会のなかで人々はどう生きてきたのか。被差別経験・貧困対抗活動などの領域から人間と社会変動の関係を考察。「変化する社会を生きる」『社会の変化を創り出す』『新しい社会変動論の可能性』の3部11章で新しい変化を構想するための材料を提供する。

———法律文化社———

表示価格は本体（税別）価格です